VIEATNAM

VEGETARISCH

Anna Plumbaum

VIEATNAM

VEGETARISCH

65 Original-Rezepte.
Aromatisch. Frisch. Leicht.

CHRISTIAN

INHALT

VORWORT

Vielleicht geht es euch wie mir: Ihr stillt euer Fernweh gerne am eigenen Herd, indem ihr Rezepte ferner Küchen ausprobiert, mit exotischen Gewürzen hantiert und dabei vielleicht auch davon träumt, die fremden Länder selbst einmal zu bereisen? Oder ihr schwelgt in eurer Küche beim Zubereiten der köstlichen Speisen bereits in Erinnerungen an vergangene Urlaube? Mir geht es oft so, dass ich andere Kulturen am liebsten zunächst kulinarisch entdecke. Zudem hatte ich das große Glück, drei Jahre lang mit meinem Mann in Südostasien zu leben und zu arbeiten. Wir nutzten unsere Urlaubszeit, wann immer es möglich war, um die spannenden Länder dieser Region zu bereisen und die vielfältigen Kulturen und Landschaften kennenzulernen.

Vietnam hat es mir auf unseren Reisen kulinarisch besonders angetan. Die Fülle an frischen Kräutern, mit denen fast jedes am Straßenrand verkaufte Essen üppig garniert wird, und die bunten Märkte mit ihren tropischen, aber auch bekannten Obst- und Gemüsesorten faszinierten mich ebenso wie die quirlige Streetfood-Kultur. Zurück mit jede Menge Erinnerungen und vielen Inspirationen im Gepäck, machte ich mich daheim ans Nachkochen der Gerichte und tüftelte Neuinterpretationen vietnamesischer Küchenklassiker aus.

Wer sich vegetarisch oder vegan ernährt, weiß, wie herausfordernd es während der Reisen oft ist, die landestypischen Köstlichkeiten in ihren Veggie-Varianten zu probieren. Mit einiger Recherchearbeit lernte ich jedoch, wie vielseitig in Vietnam die pflanzenbasierte Küche sein kann. So gibt es zum Beispiel eine traditionelle buddhistische Küche, die rein vegetarisch ist und auch heute noch fortbesteht. In diesem Buch findet ihr daher einen Mix aus klassischen Gerichten, wie man sie genauso in Vietnam mit Gemüse, Tofu & Co. zubereitet, als auch eigene vegetarische Abwandlungen von traditionellen Fisch- & Fleischgerichten. Da man in Vietnam grundsätzlich kaum zu Milchprodukten greift und Eier eher in Maßen genießt, sind zudem fast 90 Prozent aller Rezepte in diesem Buch vegan.

Noch ein kleiner Hinweis für den Umgang mit den Rezepten: Seid mutig und experimentierfreudig und lasst euch nicht durch den Blick auf die exotischen Kräuter und Gewürze in den Zutatenlisten verunsichern. Die Rezepte gelingen häufig auch wunderbar, wenn ihr Ersatzprodukte wählt, oder auch mal nur zu Minze und Koriander für die Garnitur greift. Ein Streifzug durch den Asialaden kann jedoch genauso spannend sein wie ein Besuch eines fernöstlichen Marktes und ist daher für mich auch immer eine kleine Reise wert. Ansonsten findet man heute die meisten Produkte in speziellen Onlineshops. Nun wünsche ich euch aber viel Spaß beim Durchstöbern des Buches und beim Ausprobieren der Rezepte, die euch hoffentlich auch ein wenig gegen akutes Fernweh helfen.

EINLEITUNG

MEHR ALS NUR SOMMERROLLEN UND PHO-SUPPE

Von Berlin über Köln und von Hamburg bis Wien: Es findet sich kaum eine größere Stadt, die nicht mindestens eine Handvoll vietnamesischer Restaurants beherbergt, in denen wir Sommerrollen, Reisnudelsalate und natürlich die würzig-duftende Pho-Suppe genießen können. Man speist in Räumen, die mal elegant eingerichtet, mal einer traditionellen Straßenküche nachempfunden oder von bunten Lampions erhellt sind. Vegane und vegetarische Köstlichkeiten bereichern die Speisekarte. Doch wie unterscheidet sich die leckere Exportküche hierzulande von der Ess- und Kochkultur im fernen Vietnam – und wie sieht es mit der vegetarischen Ernährung am anderen Ende der Welt aus?

IM NORDEN SCHLEMMT MAN ANDERS ALS IM SÜDEN

Ganze 3400 Kilometer schlängelt sich die Küste Vietnams von Norden bis Süden entlang des Südchinesischen Meers bis hin zum Golf von Thailand. Das entspricht in etwa der Luftlinie zwischen Helsinki und Lissabon! Auf der landzugewandten Seite grenzt der Küstenstaat an China, Laos und Kambodscha. Die rund 95 Millionen Einwohner verteilen sich sowohl auf den kühleren Norden mit seinem trockenen subtropischen Klima als auch auf den warmen tropisch-feuchten Süden.

Das Wetter und die damit verbundenen Anbaubedingungen für Gemüse, Obst, Kräuter und Gewürze spiegeln sich auch in den Regionalküchen wider. Im Norden kommen öfter geschmorte und frittierte Speisen auf den Tisch, welche weniger üppig mit Kräutern und Gewürzen aromatisiert sind. Im tropischen Süden dagegen wird der Wok lieber nur kurz aufgeheizt, die Gerichte werden stärker gewürzt, schmecken zugleich süßlicher und säuerlicher und werden großzügiger mit Kräutern garniert. Allein die Würzgewohnheiten führen dazu, dass jemand aus Hanoi die Küche Saigons als überwürzt empfindet und Bewohner des Südens die nordische Küche als zu fad abgeschmeckt beschreiben könnten.

Doch egal, wie tief man in die Gewürzkiste greift: Sommerrollen, Pho-Suppe und Reisnudelsalate sind tatsächlich in ganz Vietnam bekannt, werden jedoch je nach Region unterschiedlich zubereitet. Zudem bietet jede Stadt und manchmal sogar jedes Dorf ganz eigene regionale Spezialitäten an.

DIE KAISERLICHE KÜCHE RUND UM HUE

Eine Besonderheit stellt die Küche Zentralvietnams rund um die ehemalige Kaiserstadt Hue dar. Von hier aus regierte zwischen 1847 und 1883 der vierte Kaiser der Nguyen-Dynastie das Land. Er veranstaltete regelmäßig Schlemmerfeste für die bis zu 50.000 Mitglieder des Hofstaates und hatte dabei sehr spezielle Vorstellungen. Angeblich mussten zu diesen Anlässen 50 verschiedene Speisen von 50 verschiedenen Köchen serviert werden und keines davon durfte öfter als einmal im Jahr auf den Tisch kommen. Auch auf die Präsentation der Gerichte legte der Kaiser höchsten Wert. So kam es, dass viele Köche des Landes sich viel Mühe gaben, neue raffinierte Gerichte zu erfinden und diese wie kleine Kunstwerke zu dekorieren.

Dieser Epoche ist es zu verdanken, dass alleine die traditionelle vietnamesische Küche über 500 Gerichte zählt. Einige der damaligen Rezepte werden heute von den Nachkommen der Köche und Bediensteten aufbewahrt und in eigenen Restaurants oder Straßenküchen angeboten. Auch versucht

man, die kaiserliche Küche rund um Hue in den großen Hotels der Region wieder aufleben zu lassen, etwa in Form von Banketten, bei denen die traditionellen Delikatessen angeboten werden. Zu diesen zählen übrigens viele der Reismehlküchlein, die gefüllt und gedämpft werden.

DIE ESSENZ VIETNAMESISCHER KÜCHE: REIS, KRÄUTER UND FISCHSAUCE

Wollte man drei Lebensmittel benennen, die typisch für die vietnamesische Küche sind, dann sind es ganz sicher Reis, die besondere Kräutervielfalt und die im ganzen Land beliebte Fischsauce.

Wie in ganz Asien gilt auch in Vietnam Reis als Grundnahrungsmittel und kommt gekocht, gedämpft, gebraten oder als Reisnudeln und Reispapier zu fast jeder Mahlzeit auf den Tisch. Das Getreide wird vom Norden bis hin in den Süden des Landes angebaut, und zwar so viel, dass es nicht nur für den heimischen Verbrauch reicht, sondern zudem in alle Welt exportiert wird.

Auch frische Kräuter geben in vielen Gerichten den Ton an. Besonders in der Mitte und im Süden des Landes existiert eine unglaubliche Vielfalt aromatischer Kräuter, von denen etliche nicht mal einen englischen Namen tragen. Sowohl in Restaurants als auch an Straßenständen bekommt man als Beilage einen großen Teller voll mit verschiedenen Kräutern und Salatblättern gereicht, von denen jedes für sich wunderbar würzig duftet und schmeckt. Mal ist der Geschmack minzig-zitronig, mal scharf, mal erinnert er an Anis, Kreuzkümmel oder Zimt. Dieser üppige Kräutereinsatz ist in ganz Asien einmalig und eine Vietnamreise allemal wert.

Die salzige fermentierte Fischsauce *nuoc mam* kommt in ganz Vietnam als krönende Würze zum Einsatz: in Dips, Dressings, Marinaden oder einfach zum Abschmecken der Gerichte – mal statt oder in Kombination mit Sojasauce. Wer vegan oder vegetarisch unterwegs ist, hat es daher oft nicht einfach, Gerichte ohne die beliebte Würzsauce zu finden, denn ansonsten vegetarische Speisen werden oft mit ihr verfeinert.

EINE PRISE CHINA, FRANKREICH UND INDIEN

Die deutlichsten kulinarischen Spuren haben die Chinesen in Vietnam hinterlassen, die über 1000 Jahre hinweg das Land regierten. Ob Nudelgerichte, das Kochen im Wok, der Einsatz von Fünf-Gewürze-Pulver, fermentierten Sojabohnen und Ingwer oder das Angebot chinesischer Klassiker wie die beliebten Dampfbrötchen – die Nähe zum benachbarten China ist überall spürbar.

Im Straßenbild zeigt sich auch der Einfluss der einstigen Kolonialmacht Frankreich, vor allem an den zahlreichen Straßenständen mit frisch gebackenen Baguettes. Doch auch die in Vietnam beliebten Croissants, selbst gemachter Joghurt, der Einsatz von Kondensmilch, Crème Caramel als Dessert sowie der Genuss von Kaffee ist auf die Besatzung durch Frankreich zurückzuführen. Manch einen wird es auch wundern, Spargel, Artischocken, Kohlrabi und Erdbeeren auf Märkten zu entdecken: Auch sie werden im Zuge des europäischen Einflusses bereits seit dem 19. Jahrhundert im Hochland von Dalat im südlichen Zentralvietnam angebaut.

Zusätzlich findet man vor allem im Süden des Landes kulinarische Einflüsse aus Indien, Thailand und Kambodscha. Das typisch vietnamesische Currypulver gleicht zum Beispiel mehr einer indischen Mixtur als einer thailändischen Currypaste. Dafür werden in Vietnam – wie auch in Kambodscha und Thailand – würzige Salate aus unreifen Papayas und Mangos zubereitet.

Trotz aller Einflüsse haben die Vietnamesen Gerichte, Lebensmittel oder Zubereitungsarten aus anderen Ländern nicht einfach übernommen, sondern diese kreativ in ihre heimische Küche integriert. Ein Beispiel dafür sind *banh mi*, lecker belegte Baguettes, die, mit landestypischen Saucen, Gewürzen und Kräutern verfeinert, mittlerweile weltweit als typisches vietnamesisches Streetfood bekannt sind.

WILLKOMMEN IM STREET-FOOD-PARADIES

Die Straßenstände und kleinen Ladenlokale mit ihren niedrigen Plastik-Höckerchen sind aus dem Stadtbild in Vietnam nicht wegzudenken. An fast jeder Straßenecke, aber auch auf den Märkten, in Bahnhöfen und an entlegenen Bushaltestellen duftet und dampft es aus diversen Garküchen. Viele Foodies bereisen das Land hauptsächlich wegen dieser ausgeprägten Streetfood-Kultur.

Die häufig familiengeführten Straßenküchen konzentrieren sich meist auf nur ein Gericht oder höchstens eine Handvoll Speisen, die in technischer Perfektion zubereitet werden. Vor allem Einheimische suchen die kleinen Stände zu jeder Tageszeit auf – und wer keines der blauen, roten oder gelben Stühlchen ergattern kann, hockt sich meistens direkt dazu, verspeist sein Mahl auf dem geparkten Moped oder rollt mit Freunden und Familie eine Matte auf dem Bürgersteig aus.

Viele Vietnamesen haben zu Hause keinen Kühlschrank und nur wenig Platz zum Kochen, daher sind die preiswerten Outdoor-Garküchen, wo mit frischen Zutaten gekocht wird, eine beliebte Anlaufstelle sowie sozialer Treffpunkt. Hier schlürft man morgens die warme Nudelsuppe, während auf dem Bürgersteig nebenan in Werkstätten gearbeitet wird und die Mopeds oft nur eine Handbreit entfernt vorbeibrausen. Es geht laut und wuselig zu, doch die Einheimischen genießen in aller Ruhe ihre Mahlzeit inmitten des Trubels.

Wer als Tourist auf eigene Faust die Streetfood-Szene erkunden möchte und vegetarisch oder vegan lebt, sollte am besten einen lokalen Guide engagieren, da man die versteckten Veggie-Leckereien an den Ständen ohne Orts- und Sprachkenntnisse oft übersehen würde. Leider haben viele der mobilen Stände keine offizielle Genehmigung, ihre Speisen auf der Straße anzubieten, und werden manchmal von der Polizei vertrieben. Man findet daher seine liebsten Köstlichkeiten nicht immer an derselben Stelle.

ESSENSKULTUR IN VIETNAM

Im Alltag essen Vietnamesen häufig alleine und öfter über den Tag verteilt. So genießt man morgens auf dem Weg zur Arbeit eine Nudelsuppe an einem der Straßenstände und holt sich zwischendurch an einem anderen Stand ein *banh-mi*-Sandwich, ein gefülltes Dampfbrötchen oder einen süßen Snack. Wer in einem Dorf oder in derselben Stadt mit der Familie lebt, isst gerne abends gemeinsam, manchmal auch im Freundes- oder Kollegenkreis.

In dörflichen Gegenden breitet man eine große Matte auf dem Boden aus, auf der man sich gemeinsam um das Essen gruppiert, in Städten werden hingegen niedrige Tische und Höckerchen bevorzugt. Auf dem Tisch landet nicht nur die Hauptspeise, gleich mehrere Gerichte auf einmal versammeln sich hier. Im Zentrum steht immer eine große Schüssel Reis oder Reisnudeln. Dazu gesellen sich eine Suppe oder ein Salat, ein warmes Pfannengericht mit Fleisch, Fisch oder Tofu sowie ein Teller mit gebratenem grünem Gemüse. Zum Abschmecken wird oft Fischsauce oder die klassische Dip-Sauce gereicht sowie fein gehackte Chilis oder Chilisauce, geröstete Schalotten und Kräuter.

Da viele Vietnamesen ihre Familien nicht häufig sehen, sind feierliche Anlässe wie das dreitägige Tet-Fest für das Zusammenkommen besonders wichtig. An dem bedeutendsten vietnamesischen Feiertag, der den Beginn des Jahres laut Mondkalender einläutet, reisen fast alle Vietnamesen zu ihren Familien, besuchen Tempel und treffen sich gemeinsam zum festlichen Essen. Die Vorbereitungen beginnen oft schon Wochen zuvor und auch die Zubereitung einiger Speisen erfolgt in der Regel einige Tage im Voraus. Der traditionelle Chung-Neujahrskuchen besteht aus Klebreis mit einer herzhaften Füllung aus Bohnen und Fleisch und

wird, in Dong-Blättern eingewickelt, zwölf Stunden lang gekocht, was dem Reiskuchen sein besonderes Aroma und die grüne Farbe verleiht.

VEGETARISCHE KÜCHE IN VIETNAM

Die Geschichte Vietnams ist nicht nur von Fremdbesatzungen und Kriegen geprägt, sondern auch von Dürren, Überschwemmungen und Seuchen. Das führte dazu, dass fast alles Genießbare – von Pflanzen und Gemüse über Fisch und Fleisch bis hin zu Insekten – in der Küche verwendet wird. Und trotzdem hat sich in dem buddhistisch geprägten Land eine traditionelle vegetarische Küche herausgebildet.

Auch heute verzichten die meisten Menschen im Land jeweils am ersten und fünfzehnten Tag des Monats laut Mondkalender auf Fisch und Fleisch. Daher sind viele Einheimische mit dieser Form der Ernährung vertraut, auch wenn die wenigsten Vietnamesen im Alltag vegetarisch oder vegan leben. Selbst die Speisekarten einiger Garküchen und Restaurants bieten an den Mondfeiertagen vermehrt oder ausschließlich vegetarische Gerichte an. Dabei greift man zu Fleisch- und Fischimitaten aus Soja, die es oft in Konserven zu kaufen gibt, bereitet jedoch auch köstliche Gerichte mit Pilzen und Tofu zu.

Außerhalb der Mondfeiertage findet man in den großen Städten Vietnams zusätzlich eine bunte Auswahl an klassischen sowie modernen Restaurants und Cafés, die sich auf vegetarische und vegane Gerichte spezialisiert haben. Hier kann man zum Beispiel den köstlichen, im frischen Lotusblatt gedämpften Reis probieren, Spezialitäten aus Tofu verkosten oder Kreationen aus der bunten Obst- und Gemüsepalette des Landes genießen.

ALLES IN BALANCE

Das Streben hin zu einem Gleichgewicht, sowohl nach der Yin-und-Yang- als auch nach der Fünf-Elemente-Lehre, ist in der Küche Vietnams ausgeprägt. So werden beispielsweise einzelnen Lebensmitteln und Zubereitungsweisen Eigenschaften zugeschrieben, die es auszugleichen gilt. Nach diesem Prinzip stuft man beispielsweise Ingwer und gebratene Gerichte als »heiß« ein, wohingegen Tamarinde und gedämpfte Speisen als »kalt« klassifiziert sind.

Auch den fünf Elementen Holz, Feuer, Erde, Metall und Wasser ordnet man verschiedene Geschmäcker und Farben zu. Dazu zählen übrigens auch die fünf Geschmäcker salzig, süß, bitter, sauer und scharf. Die angestrebte Geschmacksbalance zeigt sich an dem wohldosierten Abschmecken von Dips, Dressings, Suppen und Co., welchem man in Vietnam viel Aufmerksamkeit schenkt. Am Beispiel der klassischen Dip-Sauce (siehe Seite 48) kann man dieses Prinzip gut sehen: Hier verbindet sich das Salzige der Fischsauce (bzw. der vegetarischen Alternative) mit der Süße des Zuckers, dem säuerlichen Limettensaft, der leicht bitteren Note des Knoblauchs und der Schärfe der Chilischote zu einer harmonischen Komposition.

Auch auf das Gleichgewicht möglichst verschiedener Texturen in den Gerichten wird Wert gelegt. So beinhaltet eine Pho-Suppe zugleich flüssige Brühe, bissfest gekochte Reisnudeln, knackiges Gemüse sowie beispielsweise seidig-festen Tofu und knusprige Toppings wie gehackte Nüsse oder Röstschalotten.

VON KOKOSNÜSSEN, KAFFEESPEZIALITÄTEN UND COCKTAILKREATIONEN

In den höheren Lagen des Nordens und im Zentrum Vietnams baut man Kaffee und Tee an. Beides trinken die Vietnamesen am liebsten eisgekühlt. Für den authentischen Kaffeegenuss muss man jedoch Geduld mitbringen und es süß mögen, denn das Wasser tröpfelt langsam durch den traditionellen Blechfilter *(phin)* mit dem Kaffeepulver darin in ein Glas und wird mit einer dicken Schicht gesüßter Kondensmilch verfeinert.

Der verwendete Kaffee weicht vom europäischen Geschmack ab, denn das Herstellungsverfahren in Vietnam ist ein anderes und beschert dem Kaffee ein oft kakaoähnliches Aroma. Weitere Kaffeespezialitäten des Landes sind der berühmte Eierkaffee aus Hanoi (siehe Seite 183), der mit einer süßen Creme aus Eiern versehen wird, die an eine Zabaione erinnert, und ein Eiskaffee (siehe Seite 184), der mit Joghurt zubereitet wird.

Zu den liebsten Erfrischungsgetränken sowohl bei Einheimischen als auch Touristen zählt außerdem das köstliche Wasser frisch aufgeschlagener Kokosnüsse – vor allem im heißen Süden des Landes ein Genuss. Auch Limettenlimonade (siehe Seite 188) wird im ganzen Land angeboten, genauso wie frisch gepresster Zuckerrohrsaft, aber ebenso Softdrinks und Bier sowie süße Shakes aus frischen Früchten (siehe Seite 187).

Wer Hochprozentiges sucht, wird in der lebendigen Barkultur Vietnams fündig. In Rooftop-Bars, kleinen versteckten Lokalen in den verwinkelten Gassen und in Bars einiger Hotels und kleiner Resorts beweisen viele lokale Bartender ihr Talent und zaubern kreative Drinks. Mal auf Basis des vietnamesischen Klebreiswodkas Nep Moi, der intensiv nach geröstetem Reis schmeckt, mal verfeinert mit den aromatischen Kräutern, Gewürzen und Früchten des Landes.
Ein Hinweis zu den Rezepten in diesem Buch: Einige der verwendeten Zutaten sind typisch für die vietnamesische Küche und nicht unbedingt im Supermarkt erhältlich. Im Asialaden sollten Sie aber auf jeden Fall fündig werden.

Coffee
Take Away
CLOSE

KULINARISCHE ENTDECKUNGS-REISE VON NORD NACH SÜD

Frühjahr 2017: Unsere Route führt uns vom kühleren Norden Vietnams in den tropisch warmen Süden. Mit meinem Partner Klaus an der Seite lasse ich mich von den vielfältigen Landschaften, den modern-quirligen Großstädten und ländlichen Idyllen des Landes mitreißen. Meine Mission: die köstliche Küche des Landes kennenzulernen und mich durch die bunte Palette der vegetarischen Leckereien zu probieren.

EINE FOOD-TOUR QUER DURCH HANOI

Unsere Reise durch Vietnam startet in Hanoi, der trubeligen Hauptstadt des Landes. Da wir aus dem benachbarten Kambodscha anreisen, umgehen wir den Jetlag und lassen uns direkt nach Ankunft durch die verwinkelten Gassen der Altstadt treiben. Anders als in Kambodschas Hauptstadt ist das Tempo in Hanois Straßen spürbar höher: Statt Tuk-Tuks und sich gemächlich durch den Verkehr schiebender Mopeds düsen Autos und Motorroller in einer fast schwindelerregenden Geschwindigkeit durch das Gewühl der Straßen.

Das Leben spielt sich auf den engen Bürgersteigen ab und an jeder Ecke fühle ich mich von neuen Eindrücken überwältigt. Fast jeder Winkel wirkt wie eine historisch angehauchte Filmkulisse – ein wenig surreal in dieser außerhalb des alten Kerns doch so modernen Stadt. Straßenverkäufer mit Körben voller Früchte und Blumen ziehen an uns vorbei, vor den kleinen Ladenlokalen wird debattiert, gespielt oder auch mal auf dem parkenden Moped ein Nickerchen gehalten und von überallher strömen köstliche Düfte zu uns.

Ich kann es kaum abwarten, etwas zu probieren, traue mich jedoch noch nicht an die vielen Straßenstände heran. Die Auswahl scheint so groß

HANOI
HALONG
BUCHT
LAOS
THAILAND
Hoi AN
KAMBODSCHA
SAIGON
PHU QUOC

und die Unsicherheit, gleich zu Beginn der Reise etwas Unbekömmliches oder Fleischhaltiges aufgetischt zu bekommen, spielt mit. Die Entscheidung fällt daher zunächst auf ein vegetarisches Restaurant, das Uu Dam Chay. In der Nähe des Hoan-Kiem-Sees gelegen, wirkt es wie eine Ruheoase inmitten des Gewusels. Im Inneren trifft Beton auf Metall, Holz auf gemusterte Fliesen und Ziegel, die vielen Pflanzen machen es gemütlich. Wir bestellen einen Ananas-Bratreis mit Macadamianüssen, frisch gemachte Sommerrollen mit Erdnussdip und Tofu in einer pfeffrigen Zitronengraspanade – alle Gerichte sind wunderschön präsentiert und machen Appetit auf die kommenden Tage.

Am nächsten Morgen trauen wir uns schließlich doch ins Streetfood-Getummel, und zwar zusammen mit unserem Guide Tinh. Er führt Touristen bereits seit mehreren Jahren durch die Straßen Hanois und hat sich auf private Food-Touren spezialisiert – und er verspricht, uns seine Lieblingsgarküchen zu zeigen, die auch Veggie-Varianten in petto haben.

Gespannt ziehen wir los und probieren zunächst superknusprige *banh xeo* – Reismehl-Kurkuma-Crêpes mit Kräutern und Dip-Sauce –, die uns eine Köchin in der engen dampfenden Gasse extra ohne Shrimps zubereitet. Auf dem Weg zum nächsten Stand lassen wir uns einen Zuckerrohrsaft frisch pressen, genießen daraufhin, auf kleinen Schemeln hockend, grünen Papayasalat mit extra vielen gehackten Erdnüssen und machen schließlich eine Verschnaufpause im Café Giang, wo der berühmte Eierkaffee serviert wird. Dieser ist mit einer extradicken Schicht aus aufgeschlagenen Eiern und süßer Kondensmilch getoppt, schmeckt köstlich-cremig und erinnert an ein Dessert. Mein kulinarisches Highlight jedoch folgt im nächsten Lokal, in dem uns eine warme würzige Brühe mit Auberginen und großen frittierten Tofustücken serviert wird, garniert mit Kräutern und Lauchzwiebeln – gleichzeitig simpel und raffiniert abgeschmeckt.

Mittlerweile sind sechs Stunden vergangen, seit unsere Tour mit Tinh kreuz und quer durch das Gassenlabyrinth begonnen hat, und wir sind übersatt, doch er will uns zum Abschluss noch einen seiner vielen Lieblingsläden zeigen. Kurze Zeit später finden wir uns vor einem Ecklokal, auf roten und blauen Plastikstühlchen sitzend, inmitten einer stark befahrenen Kreuzung wieder und genießen Schälchen mit Früchten und Joghurt. Zunächst war ich verdutzt, denn Joghurt hätte ich nicht als klassisch vietnamesisch eingeschätzt. Doch seit der französischen Kolonialzeit stellen auch die Vietnamesen ihre eigene Joghurtvariante auf Basis von süßer Kondensmilch her. Dieser kommt mit zerstoßenem Eis, frischen Früchten wie reifer Jackfrucht, Ananas, Drachenfrucht und Melone als Dessert ins Schälchen und schmeckt köstlich erfrischend.

Bevor wir unsere Reise ins Zentrum des Landes fortsetzen, steuern wir noch die berühmte Halong-Bucht an mit ihren beeindruckenden Kalkfelsen, die oft steil und dichtbewachsen mit Bäumen aus dem türkisfarbenen Meer ragen. Es ist kalt und regnerisch – in Plastik-Regenmäntel eingehüllt, genießen wir vom Kajak aus die einzigartige Landschaft. Auf dem Boot gibt es warmen Tee, Kaffee und Frühlingsrollen.

BUNTE MÄRKTE UND EIN KOCHKURS IN HOI AN

Im Zentrum Vietnams angekommen, tauschen wir die Regenmäntel gegen T-Shirts ein und stürzen uns in das sommerlich-warme Hoi An. Das pittoreske Städtchen liegt an einem Fluss, aber auch unweit der Küste. Im Zentrum säumen historische Holzhäuser den alten Stadtkern und das Flussufer. Andere Gebäude zeugen von der Kolonialzeit, viele von ihnen sind in warmem Gelb gestrichen, der Putz bröckelt hier und da und bunte Laternen hängen zwischen den Häuserreihen. Wir schlendern durch die geschmückten Straßen mit ihren vielen Cafés, Läden und Restaurants und finden dazwischen kleine Eingänge, hinter denen sich reich verzierte Tempel verbergen. Wenn es ein Bilderbuch-Vietnam gibt, dann wahrscheinlich hier. Den Kern dieser hübschen Kulisse muss man sich tagsüber nicht mit vorbeirauschenden Mopeds teilen, dafür jedoch mit unzähligen anderen Touristen.

Wir beschließen daher, am nächsten Tag die Stadt zu erkunden, noch bevor die Läden öffnen und Besucher anlocken. Das frühe Aufstehen lohnt sich: Im warmen Morgenlicht und noch leichtem Nebel erleben wir, wie Hoi An langsam erwacht. Wir sehen, wie vereinzelte Mopeds Waren durch die Fußgängerzone zu den Läden liefern, wie Marktfrauen mit Reisstrohhüten vor Bergen von grünen Kräutern und buntem Gemüse an den Bürgersteigen hocken und wie Menschen sich in kleinen Seitengassen zu einem Kaffee oder einer Nudelsuppe zusammenfinden. Von Touristen gibt es so früh morgens kaum eine Spur.

Wir steuern den Stand Banh Mi Phuong an, vor dem sich schon eine kleine Schlange gebildet hat, und bestellen zum Frühstück je eines der noch warmen Sandwiches mit Ei und Tofu, bestrichen mit würziger Mayonnaise und getoppt mit eingelegtem Gemüse und Kräutern, und lassen es uns in einer ruhigen Ecke schmecken. Später am Tag setzen wir unseren kulinarischen Streifzug fort und probieren in einem der kleinen Restaurants köstliche Cao-Lau-Nudeln mit Gemüse, Tofu, Sprossen und kross frittierten Stückchen aus Wantan-Teigblättern. Die besonderen Nudeln gibt es nur in der Gegend um Hoi An, sie sind fast so dick wie Udon-Nudeln und haben eine karamellbraune Farbe. Der Herstellungsprozess wird von wenigen Familien der Stadt streng geheim gehalten, jedoch verleiht wohl die Asche aus Blättern vom Amarantbaum den Nudeln ihr intensives Aroma.

An einem der anderen Tage finden wir uns als einzige Teilnehmer eines vegetarischen Kochkurses wieder. Wir sind gespannt, was uns erwartet. Zusammen mit Köchin Minh steigen wir zunächst auf unsere Mopeds und fahren ins nahgelegene Dorf Tra Que, in dem Gemüse- und Kräuterfelder die Hauptattraktion sind. Auf dem Weg ist kaum etwas los, Wasserbüffel ziehen an uns vorbei. Wir steigen ab und Minh erklärt uns direkt auf den Feldern, was hier alles Leckeres wächst. Das Besondere an den vielen grünen Lebensmitteln, die hier gedeihen: Auf die Felder und Pflanzen kommt nur biologischer Dünger. Man findet zudem viele spezielle Kräuter- und Salatsorten, die nur in dieser Gegend wachsen. Minh entdeckt in der Ferne einen alten Mann, der auf dem Feld arbeitet, und erzählt uns, dass er mit seinen über 90 Jahren einer der Ältesten hier ist und immer noch topfit. Ein paar Wege weiter lernen wir seine Frau kennen, die ebenfalls im Kräuterfeld unterwegs ist. Ob die gesunden Lebensmittel, die hier wachsen, zu ihrem langen Leben beitragen? Wir steigen wieder auf unsere Motorroller und steuern einen gut besuchten lokalen Markt an. Die Stände verteilen sich sowohl in einer halboffenen Markthalle als auch an den umliegenden Bürgersteigen. Inmitten des quirligen Treibens sehe ich Berge aus tropischen Früchten, Gemüse, Gewürzen und Kräutern, die unterbrochen werden durch Reis-, Tofu-, Fisch- und Fleischstände. Für unser Menü kaufen wir frischen Tofu, Pilze, Kräuter und Gemüse. Minh zeigt mir, wo ich getrocknete Cao-Lao-Nudeln als Souvenir erstehen kann.

Wieder in der Kochschule angekommen, binden wir uns Schürzen um und schnippeln in der Gartenküche los. Bald schon genießen wir unseren selbst gemachten grünen Mangosalat, knusprige *banh xeo*, die wir, in Reispapier eingewickelt, dippen, eine Nudelsuppe mit Taro, Kürbis, Ananas sowie Tofu und gegrillte Auberginen mit einer würzigen Glasur aus Sojasauce. Zum Nachtisch flambieren wir kleine Bananen mit Rum, Zimt und Honig. An unserem letzten Abend in Hoi An lassen wir uns schließlich vom bunten Lichtermeer des einmal im Monat stattfindenden Laternenfestes verschlingen, bevor es weiter in den Süden geht.

WO DER PFEFFER WÄCHST – SCHLEMMEN IM SÜDEN DES LANDES

In Saigon, das keiner Ho-Chi-Minh-Stadt, wie die Stadt offiziell heißt, nennt, legen wir einen kurzen Zwischenstopp ein. Es ist schwül-heiß, wir schlendern durch die Straßen, besuchen die historischen Hotspots und das Kriegsopfermuseum. Unweit davon befindet sich eines der besten vegetarischen Restaurants der Stadt, das Hum. Mit rustikalen

Holztischen, bunten Decken und Kissen eingerichtet, wirkt es sehr gemütlich. Das Highlight ist jedoch die umfangreiche Speisekarte, auf der sich sowohl Spezialitäten aus dem ganzen Land finden als auch Eigenkreationen der Küchenchefs. Unsere Wahl fällt auf gedämpften Reis im Lotusblatt, einen Bananenblütensalat mit Zitronengrasdressing und Sesamcrackern sowie glasierte Austernpilze mit Erdnusssauce und grünen Apfelstiften als Topping. Alle Gerichte sind superlecker und hätte ich mehr Zeit, würde ich mich gerne durch die gesamte Karte schlemmen.

Um der Hitze der Stadt zu entgehen, zieht es uns abends in eine der vielen Rooftop-Bars von Saigon. Von weit oben hat man einen fantastischen Ausblick über die Großstadt, meistens weht eine leichte Brise und man kann einen der kreativen Cocktails probieren, die die Bartender hier zaubern. Ich lasse mir einen Drink mit Jasmintee, Limette, Koriander, Gurke und Rum schmecken, während sich die nächtliche Stadt zu unseren Füßen in viele bunte Lichtpunkte verwandelt.

Für die letzte Etappe unserer Reise zieht es uns auf Phu Quoc, die größte vietnamesische Insel ganz im Süden des Landes. Hier möchte man am liebsten am Meer entspannen und sich bei den heißen Temperaturen ausschließlich vom köstlichen Wasser frisch geernteter Kokosnüsse ernähren.

Das Strandleben wird uns jedoch zu eintönig, wir mieten ein Moped und düsen ins Inselinnere zur Phu Quoc Bee Farm. In dem biologisch geführten Garten leben Bienen inmitten eines tropischen Paradieses. Hier wachsen zahlreiche Blumen, Cashewbäume, aber auch Früchte wie Rambutan, Durian, Papaya und Ananas. Auf einer kleinen Führung erfahren wir, dass man in Vietnam Honig vor allem aus medizinischen Gründen schätzt. Dennoch lassen wir ihn uns hier als Genussmittel schmecken, als köstliches Süßungsmittel von Kumquatsaft, außerdem ausgebackene Bananen in Sesamteig mit Zimthonig, während ein Welpe durch den offenen Gartenpavillon springt und unsere Aufmerksamkeit einfordert.

Wenige Kilometer weiter erreichen wir eine Pfefferfarm, auf der wir nicht nur etwas über den Anbau, die Produktion und den Geschmack von weißem, rotem und schwarzem Pfeffer lernen, sondern erneut in den Genuss köstlicher *banh xeo* kommen – diesmal wie im Süden üblich im XXL-Format mit besonders vielen Kräutern und Salatblättern.

Unsere Vietnamreise lassen wir schließlich bei einem Abendessen im schicken Strandrestaurant des Mango Bay Resort ausklingen. Ich bestelle den »Yin Yang Vegetarian Basket« – der große Korb erinnert an einen umgedrehten Reisstrohhut, darin tummeln sich Pfefferblattröllchen mit Tofufüllung, Sommerrollen, ein Bananenblütensalat im frittierten Reispapierkörbchen und panierte Okraschoten. Der köstliche Abschluss meiner kulinarischen Entdeckungsreise durch Vietnam.

CHO VAY
KHÔNG THẾ CHẤP
90%
0972 795 699
CHO VAY
KHÔNG THẾ CHẤP
90%
096 237 1168
CHO VAY TRẢ GÓP
962918315
85144

28

HÀNG THỰC PHẨM TƯƠI SỐNG
DÃY HÀNG THỰC PHẨM TƯƠI SỐNG

樹

BASICS

Eingelegte Karotten-Rettich-Streifen

dau chua

Süß-säuerlich eingelegtes Gemüse wie die beliebten Karotten-Rettich-Streifen gehören ins Standardrepertoire jeder vietnamesischen Küche und werden meist mindestens einmal pro Woche frisch zubereitet. Sie sind unentbehrlich für die aromatischen *banh-mi*-Sandwiches (siehe Seiten 93 und 94), aber ebenso lecker zu Frühlingsrollen (siehe Seite 66) und den Crêpes *banh xeo* (siehe Seite 73).

FÜR 1 GLAS (CA. 400 ML)

2 mittelgroße Karotten (ca. 150 g)
½ Rettich (ca. 150 g)
½ TL Salz
40 g Zucker
100 ml heller Reisessig

ZUBEREITUNG

Die Karotten und den Rettich schälen und mit einem Julienneschneider in feine Streifen schneiden. Diese in einer Schüssel mit dem Salz vermischen und mit den Händen leicht verkneten. Etwa 15 Minuten Wasser ziehen lassen.

Inzwischen den Zucker in einer Schüssel mit 150 ml kochendem Wasser übergießen und darin auflösen. Den Reisessig zugeben und die Mischung komplett abkühlen lassen. Die Karotten-Rettich-Streifen in einem Sieb abgießen und leicht ausdrücken, dann in ein sterilisiertes Glas geben, mit der Essig-Zucker-Mischung übergießen, verschließen und bei Raumtemperatur mindestens 1 Tag ziehen lassen. Das Gemüse ist im Kühlschrank bis zu 1 Monat haltbar.

EINGELEGTE RADIESCHEN UND GURKEN

Auf dieselbe Weise lassen sich auch andere Gemüsesorten einlegen, wie in feine Scheiben geschnittene Radieschen oder Gurken. Bei der Gurke gilt: Erst längs halbieren und mit einem Teelöffel entkernen, anschließend nochmals längs halbieren und quer in feine Stücke schneiden. Die eingelegten Radieschen halten sich im Kühlschrank wie die Karotten-Rettich-Streifen, die Gurken sollte man schneller verzehren, da sie sonst an Farbe und Aroma einbüßen.

Einfache »No-Fish-Sauce«

Fischsauce ist ein Muss in der vietnamesischen Küche. Kaum ein Dip, eine Suppe oder eine Marinade kommt ohne die würzige Sauce aus – daher hat man es auf Reisen durch Vietnam nicht immer leicht, wenn man vegetarisch unterwegs ist. Daheim entwickelte ich ein schnelles Rezept für eine fischfreie Alternative, die asiatischen Gerichten eine feine Umaminote verleiht. Mittlerweile findet man übrigens auch im Bioladen fertige »No-Fish-Sauce«.

FÜR 1 FLASCHE (CA. 250 ML)

25 g getrocknete Shiitake-Pilze
5 g Wakame-Algen
25 ml kräftige Tamarisauce
25 ml milde Sojasauce

ZUBEREITUNG

Die Shiitake-Pilze mit den Algen in einen kleinen Topf geben und mit 700 ml kochendem Wasser übergießen. Die Tamari- und die Sojasauce zugeben und alles offen bei mittlerer Temperatur etwa 30 Minuten einkochen.

Die Sauce durch ein Sieb in eine Schale gießen, dabei die Pilze und die Algen ausdrücken. Anschließend in eine sterilisierte Flasche mithilfe eines Trichters füllen, verschließen und abkühlen lassen. Die Sauce ist im Kühlschrank etwa 1 Monat haltbar.

Klassische Dip-Sauce und Variationen

nuoc cham chay

Die beliebte und schnell gemachte Sauce *nuoc cham* enthält klassischerweise Fischsauce. In meiner Veggie-Variante greife ich auf eine gekaufte oder selbst gemachte »No-Fish-Sauce« zurück (siehe Seite 47). Die Dip-Sauce kommt in Vietnam zum Eintunken von Sommer- und Frühlingsrollen zum Einsatz, aber auch zu Pfannkuchen wie *banh xeo* (siehe Seite 73) und *banh khot* (siehe Seite 74) wird sie serviert. Oft bildet sie zudem die Grundlage von Salatdressings und Marinaden.

FÜR JE 2 PORTIONEN

Klassische Dip-Sauce
- 10 g Zucker
- 2 EL »No-Fish-Sauce« (siehe Seite 47; alternativ Sojasauce)
- 2 EL frisch gepresster Limettensaft
- ½–1 kleine rote Chilischote
- 1 Knoblauchzehe

Tamarinden-Dip-Sauce
- 10 g Zucker
- 2 EL »No-Fish-Sauce« (siehe Seite 47; alternativ Sojasauce)
- 1–2 EL Tamarindenpaste
- ½–1 kleine rote Chilischote
- 1 Knoblauchzehe

Hoisin-Dip-Sauce
- 2 EL Hoisin-Sauce (siehe Seite 55; alternativ fertig gekauft)
- 2 EL frisch gepresster Limettensaft
- 1 EL Erdnussmus
- ½ TL geröstetes Sesamöl
- 1 Knoblauchzehe (optional)
- 1 EL geröstete Erdnusskerne, gehackt (optional)

Erdnuss-Dip-Sauce
- 1 Stange Zitronengras
- 1 haselnussgroßes Stück Ingwer
- 1 TL Bratöl (z. B. Sojaöl)
- 2–3 EL Erdnussmus
- 1 EL Tomatenmark
- 1 Portion klassische Dip-Sauce (siehe oben)

ZUBEREITUNG

Für die klassische Dip-Sauce den Zucker in einem Schälchen mit 30 ml heißem Wasser übergießen und unter Rühren auflösen. Mit der »No-Fish-Sauce« und dem Limettensaft verrühren. Die Chilischote putzen, auf Wunsch entkernen, fein würfeln und zugeben. Den Knoblauch abziehen, fein würfeln und ebenfalls zugeben. Die Sauce mindestens 15 Minuten ziehen lassen – am besten schmeckt sie, wenn sie über Nacht im Kühlschrank durchzieht.

Für die Tamarinden-Dip-Sauce wie bei der klassischen Dip-Sauce vorgehen, mit der Ausnahme, dass der Limettensaft durch die Tamarindenpaste ersetzt wird.

Für die Hoisin-Dip-Sauce die Hoisin-Sauce mit Limettensaft, Erdnussmus, Sesamöl und etwa 2 EL Wasser glatt rühren. Auf Wunsch Knoblauch abziehen, fein würfeln, zugeben und die Sauce, mit gehackten Erdnüssen bestreut, servieren.

Für die Erdnuss-Dip-Sauce das untere Drittel vom Zitronengras fein würfeln. Den Ingwer schälen und ebenfalls fein würfeln. Das Öl in einer kleinen Pfanne erhitzen und das Zitronengras sowie den Ingwer darin 2 Minuten anbraten. Erdnussmus, Tomatenmark, Dip-Sauce und so viel Wasser zugeben, bis eine sämige Konsistenz erreicht ist.

Annatto-, Lauchzwiebel- und Knoblauchöl

Aromaöle wie das Lauchzwiebel- und das Knoblauchöl träufelt man in Vietnam gerne über fertige Gerichte als finale Würze. Das intensiv rote Annatto-Öl kommt dagegen vor allem zum Färben zum Einsatz, beispielsweise von Nudelsuppen, Currys oder Füllungen.

FÜR JE 1 GLAS (150 ML)

Annattoöl
150 ml Bratöl (z. B. Sojaöl)
2 EL Annatto-Samen
1 TL Chiliflocken (optional)

Lauchzwiebelöl
3 Lauchzwiebeln
150 ml Bratöl (z. B. Sojaöl)

Knoblauchöl & Knusperknoblauch
150 ml Bratöl (z. B. Sojaöl)
4 Knoblauchzehen

ZUBEREITUNG

Für das Annattoöl das Bratöl in einem kleinen Topf auf 160 °C erhitzen, die Annatto-Samen zugeben und darin etwa 3 Minuten frittieren. Das Öl durch ein Sieb in ein sterilisiertes Glas füllen, verschließen und innerhalb von 2 Wochen verbrauchen. Wer einen intensiveren Geschmack erreichen will, lässt das Öl 1–2 Tage mit den Annatto-Samen ziehen. Für eine pikante Note sorgen Chiliflocken, die mit den Annatto-Samen im Öl 1 Minute frittiert werden.

Für das Lauchzwiebelöl die Lauchzwiebeln putzen und in etwa 1 cm dicke Ringe schneiden. Das Öl mit den Lauchzwiebeln in einer Pfanne erhitzen und die Zwiebeln darin etwa 2 Minuten braten. Dann die Pfanne vom Herd nehmen und das Öl 10 Minuten ziehen lassen. Das Öl durch ein Sieb in ein sterilisiertes Glas füllen, verschließen und innerhalb von 2 Wochen verbrauchen.

Für das Knoblauchöl das Bratöl in einem kleinen Topf auf 160 °C erhitzen. Den Knoblauch abziehen, fein würfeln und im heißen Öl in 1 Minute goldbraun frittieren. Mit einer Schaumkelle herausheben, auf Küchenpapier abtropfen lassen und als Knuspertopping für Salate oder Suppen verwenden. Das Öl durch ein Sieb in ein sterilisiertes Glas füllen, verschließen und innerhalb von 2 Wochen verbrauchen.

Süß-saure Chilisauce und Knusperchili in Öl

Diese schnell zubereitete Sauce eignet sich toll als Ersatz für die beliebte Sriracha-Chili-Sauce aus dem Asialaden. Dort findet man unter dem Namen *crispy chili in oil* auch ein aromatisch-dickflüssiges Öl, angereichert mit Chiliflocken, fermentierten Sojabohnen, Schalotten und Szechuanpfeffer. Es schmeckt lecker als Topping für Suppen, Spiegelei oder Reisgerichte. In dieser selbst gemachten Variante verzichte ich auf Sojabohnen und ergänze die Würzmischung durch Zitronengras, Knoblauch und Ingwer.

FÜR 1 GLAS CHILISAUCE (CA. 300 ML) UND 1 KLEINES GLAS KNUSPERCHILI (CA. 100 ML)

Chilisauce
je 3 kleine und 3 große rote Chilischoten
½ rote Paprika (ca. 80 g)
1 walnussgroßes Stück Ingwer
2 Knoblauchzehen
50 ml milder heller Reisessig (3–4 % Säure)
2 EL Sojasauce
¼ TL Salz
50 g Zucker
1 EL Speisestärke

Knusperchili in Öl
2 Schalotten
2 Knoblauchzehen
1 Stange Zitronengras
1 walnussgroßes Stück Ingwer
100 ml Bratöl (z. B. Sojaöl)
2 EL Chiliflocken
½ TL Szechuanpfeffer
1 TL Zucker
2 Prisen Salz

ZUBEREITUNG

Für die Sauce die Chilischoten und die Paprika putzen und grob würfeln. Den Ingwer schälen und fein reiben. Den Knoblauch abziehen und grob würfeln. Alles zusammen mit 200 ml Wasser, Reisessig, Sojasauce und Salz in ein hohes Gefäß geben und fein pürieren. Die Mischung mit dem Zucker in einem Topf bei hoher Temperatur etwa 5 Minuten sprudelnd kochen. Die Stärke mit 2 EL Wasser glatt rühren, unter die Sauce rühren und diese weitere 1–2 Minuten kochen. Dann mithilfe eines Trichters in ein sterilisiertes Glas füllen, verschließen und abkühlen lassen. Die Sauce ist im Kühlschrank etwa 1 Monat haltbar.

Für den Knusperchili die Schalotten und den Knoblauch abziehen und fein würfeln. Das untere Drittel vom Zitronengras fein würfeln. Den Ingwer schälen und ebenfalls fein würfeln. Alles in einem kleinen Topf mit dem Öl erhitzen und bei mittlerer Temperatur in etwa 20 Minuten knusprig und goldbraun rösten. Die Chiliflocken in ein sterilisiertes Glas geben. Den Pfeffer grob im Mörser zerstoßen und zusammen mit Zucker und Salz zugeben. Das heiße Öl durch ein Sieb über die Chilimischung gießen. Den gerösteten Schalottenmix im Sieb abkühlen lassen, so wird er noch knuspriger. Anschließend unter das Öl mischen und das Glas verschließen. Das Öl ist im Kühlschrank bis zu 1 Monat haltbar.

Selbst gemachte Hoisin-Sauce

Hoisin-Sauce besteht aus fermentierter Sojabohnenpaste und Gewürzen, stammt aus China und ist von verschiedenen Herstellern im Asialaden erhältlich. Die Sauce schmeckt salzig-herb, ist gleichzeitlich süß-säuerlich und in der vietnamesischen Küche als Basis für Dips und Marinaden sehr beliebt. In meine selbst gemachte Variante wandern fermentierte salzige Sojabohnen und etwas Pflaumenmus für die Süße.

FÜR 1 GLAS (CA. 300 ML)

80 g fermentierte, gesalzene schwarze Bohnen
150 g Pflaumenmus
ca. 3 EL heller Reisessig
2 Knoblauchzehen
1 EL Speisestärke
1–2 EL Zucker
1–2 EL Chilisauce (siehe Seite 52; alternativ Sriracha-Chili-Sauce)

ZUBEREITUNG

Die Bohnen in einem Sieb unter fließendem Wasser gründlich abspülen und in einem hohen Gefäß mit 150 ml kaltem Wasser pürieren. Dann mit dem Pflaumenmus und dem Reisessig in einen Topf geben, aufkochen und bei niedriger bis mittlerer Temperatur etwa 10 Minuten einkochen.

Den Knoblauch abziehen und dazupressen. Die Stärke mit 2 EL Wasser glatt rühren, zugeben und alles weitere 1–2 Minuten köcheln lassen. Die Sauce mit Zucker, Chilisauce und eventuell etwas mehr Reisessig würzig abschmecken, in ein sterilisiertes Glas füllen und verschließen. Die Hoisin-Sauce ist im Kühlschrank etwa 1 Monat haltbar.

ROLLEN & PFANNKUCHEN

Sommerröllchen mit Erdnussdip

nem cuon

Die mit Abstand beliebteste Vorspeise in vietnamesischen Restaurants sind Sommerrollen! Sie schmecken knackig-frisch und werden mit unterschiedlichen würzigen Dips gereicht. Und auch was die Füllung angeht, sind die Variationen vielfältig. Meine liebste Variante befülle ich kunterbunt mit Gemüse und serviere sie mit einem aromatischen Erdnussdip.

FÜR 16 RÖLLCHEN

50 g Glasnudeln
80 g Rotkohl
je ⅓ grüne, rote und gelbe Paprika
1 große Karotte (ca. 100 g)
1 kleine Avocado
1 TL frisch gepresster Limettensaft
½ Bund Koriandergrün
3 Stängel Minze
16 kleine Reispapierblätter (Ø 16 cm)
2–3 EL gerösteter Sesam
1 Portion Erdnuss-Dip-Sauce (siehe Seite 48)

ZUBEREITUNG

Die Glasnudeln nach Packungsanleitung zubereiten und in mundgerechte Stücke schneiden. Den Rotkohl und die Paprika putzen und in feine Streifen schneiden. Die Karotte schälen und ebenfalls in feine Streifen schneiden. Die Avocado halbieren, entsteinen, das Fruchtfleisch aus den Schalen lösen und in feine Scheiben schneiden, dann mit dem Limettensaft beträufeln.

Den Koriander und die Minze waschen und die Blättchen grob hacken. Je drei bis vier Reispapierblätter nacheinander kurz in eine flache Schale mit lauwarmem Wasser tauchen und nebeneinander mit der glatten Seite nach unten auf die Arbeitsfläche legen. Jedes Blatt mit Sesam bestreuen. Gemüse, Kräuter und Glasnudeln als Füllung mittig im unteren Drittel der Blätter platzieren, die Seiten umklappen und die Blätter von unten nach oben mit ein wenig Druck aufrollen. Mit der Erdnuss-Dip-Sauce servieren.

Mango-Auberginen-Sommerrollen mit Räuchertofu nem cuon

Eine deftig-fruchtige *nem-cuon*-Variante sind diese Sommerrollen mit Räuchertofu, Mango und besonders vielen aromatischen Kräutern. Ich serviere sie entweder in zwei Portionen zum leichten Lunch oder in vier Portionen als Vorspeise.

FÜR 8 ROLLEN

- 25 g Glasnudeln
- 1 kleine Aubergine (ca. 200 g)
- Salz
- 100 g Räuchertofu
- ½ reife Mango
- 2 Handvoll Mungobohnen-sprossen
- 1–2 EL Bratöl (z. B. Sojaöl)
- 2 Handvoll vietnamesische Kräuter (z. B. Thaibasilikum und Reisfeldkraut)
- 8 große Reispapierblätter (Ø 22 cm)
- 1 Portion klassische Dip-Sauce (siehe Seite 48)

ZUBEREITUNG

Die Glasnudeln nach Packungsanleitung zubereiten und in mundgerechte Stücke schneiden. Die Aubergine putzen und längs in 1 cm dicke Scheiben schneiden, von beiden Seiten salzen und auf Küchenpapier 15 Minuten Wasser ziehen lassen. Inzwischen den Tofu in feine Stifte schneiden. Die Mango schälen und das Fruchtfleisch in Stifte schneiden. Tofu, Mango, Sprossen und Glasnudeln bereitstellen.

Die Aubergine abtropfen lassen und in längliche 1–2 cm dicke Stifte schneiden. Das Öl in mittelgroßer Pfanne erhitzen und die Aubergine darin unter gelegentlichem Rühren bei mittlerer Temperatur etwa 10 Minuten braten, bis sie weich ist. Vom Herd nehmen und etwas abkühlen lassen.

Die Kräuter waschen und die Blättchen abzupfen. Je zwei bis drei Reispapierblätter nacheinander kurz in eine flache Schale mit lauwarmem Wasser tauchen und nebeneinander mit der glatten Seite nach unten auf die Arbeitsfläche legen. Jedes Blatt mit Kräutern belegen. Mango-, Tofu- und Auberginenstücke sowie Sprossen und Glasnudeln mittig im unteren Drittel der Blätter platzieren, die Seiten umklappen und die Blätter von unten nach oben mit ein wenig Druck aufrollen. Mit der klassischen Dip-Sauce servieren.

Vietnamesische Frühlingsrollen

nem chay

Anders als chinesische Frühlingsrollen werden vietnamesische nicht in Eierteig ausgebacken, sondern wie Sommerrollen in Reispapier gewickelt und anschließend frittiert. Da die Zubereitung etwas Zeit braucht, ist es am besten, die Füllung und den Dip schon am Vorabend zuzubereiten. Die Rollen schmecken lecker pur mit dem Dip oder in Stückchen geschnitten zu Glasnudelsalat (siehe Seite 85).

FÜR CA. 15 FRÜHLINGSROLLEN

Frühlingsrollen
100 g getrocknete halbierte Mungobohnen
5 g getrocknete Wolkenohrpilze (Mu-Err)
40 g Sojagranulat (alternativ feine Sojaschnetzel; erhältlich im Bioladen)
25 g Glasnudeln
1 große Karotte (ca. 100 g)
2 Schalotten (ca. 50 g)
30 g eingelegte Wasserkastanien
2 EL Sojasauce
1 EL geröstetes Sesamöl
Salz
frisch gemahlener weißer Pfeffer
1 Ei
ca. 15 Reispapierblätter (Ø 22 cm)

Außerdem
ca. 1 l Bratöl (z. B. Sojaöl)
1 Handvoll Thaibasilikum
1 klassische Dip-Sauce (siehe Seite 48)

ZUBEREITUNG

Für die Rollen die Bohnen in einem Sieb unter fließendem kaltem Wasser waschen, in Wasser 30 Minuten einweichen, anschließend in der dreifachen Menge Wasser 30 Minuten kochen. Inzwischen die Pilze in einer Schale mit kochendem Wasser übergießen und 30 Minuten ziehen lassen. Das Sojagranulat ebenfalls mit kochendem Wasser übergießen und 15 Minuten quellen lassen.

Die Nudeln nach Packungsanleitung zubereiten und in kleine Stücke schneiden. Die Karotte schälen und grob raspeln. Die Schalotten abziehen und fein würfeln. Die Wasserkastanien fein würfeln. Alles in einer Schüssel mit Sojasauce und Sesamöl vermengen.

Die Mungobohnen abgießen, gut abtropfen und abkühlen lassen. Das Sojagranulat in einem Sieb kalt abbrausen und ausdrücken. Die Pilze ebenfalls gut ausdrücken und 1 cm groß würfeln. Bohnen, Sojagranulat und Pilze zum Rest geben und alles vermischen. Mit Salz und Pfeffer abschmecken.

Das Ei trennen und das Eigelb unter die Füllung rühren. Das Eiweiß leicht verquirlen. Je drei Reispapierblätter nacheinander kurz in eine flache Schale mit lauwarmem Wasser tauchen und nebeneinander mit der glatten Seite nach unten auf die Arbeitsfläche legen. Die Ränder mit dem Eiweiß einpinseln. Je 2 EL der Füllung mittig im unteren Drittel der Reispapierblätter verteilen und mit den Fingern kompakt zusammendrücken. Die Seiten umklappen und die Blätter von unten nach oben aufrollen.

Den Backofen auf 100 °C Ober- und Unterhitze vorheizen. Das Bratöl in einem Wok oder einer Pfanne mit hohem Rand auf etwa 160 °C erhitzen und die Röllchen darin in drei Portionen unter gelegentlichem Wenden in 8–10 Minuten goldbraun frittieren.

Sie sollten sich dabei nicht berühren, da sie schnell aneinanderkleben. Die Röllchen abtropfen lassen und im Backofen warm halten, während der Rest frittiert wird. Die Frühlingsrollen mit Thaibasilikum und Dip-Sauce servieren.

Pfefferblattröllchen mit Tamarinden-Dip

bo la lot chay

Ein ganz besonderer Straßensnack sind diese herzhaft gefüllten Pfefferblätter. Klassischerweise kommt Hackfleisch in die Blätter, hier jedoch werden sie mit einer würzigen Sojamischung gefüllt. In den Garküchen Vietnams wird diese Spezialität über Holzkohle gegrillt, pur als Snack serviert oder zu Reisnudeln gereicht.

FÜR CA. 20 RÖLLCHEN

Pfefferblattröllchen

50 g Sojagranulat (alternativ feine Sojaschnetzel; erhältlich im Bioladen)
2 EL »No-Fish-Sauce« (siehe Seite 47; alternativ Sojasauce)
1 Stange Zitronengras
1 Lauchzwiebel
1 Knoblauchzehe
3 EL geröstete Erdnusskerne, gehackt
1 EL Speisestärke
1 TL Tomatenmark
Salz
frisch gemahlener weißer Pfeffer
1 Packung Pfefferblätter *(la lot)*

Außerdem

2 EL Bratöl (z. B. Sojaöl; optional)
1 Portion Tamarinden-Dip-Sauce (siehe Seite 48)
1 Handvoll Pflücksalat und Kräuter

ZUBEREITUNG

Für die Röllchen das Sojagranulat in einer Schüssel mit der »No-Fish-Sauce« und etwa 150 ml kochendem Wasser übergießen und 15 Minuten ziehen lassen. Inzwischen das untere Drittel vom Zitronengras fein hacken. Die Lauchzwiebel putzen, je nach Dicke nochmal längs halbieren und in feine Röllchen schneiden. Den Knoblauch abziehen und fein hacken. Sojagranulat, Zitronengras, Lauchzwiebel, Knoblauch, zwei Drittel der Erdnüsse, Speisestärke und Tomatenmark mischen und mit Salz und Pfeffer abschmecken.

Die Pfefferblätter waschen, die 20 größten Blätter von den Zweigen zupfen und in eine Schüssel mit lauwarmem Wasser legen, damit sie geschmeidig werden. Etwa fünf kleine Blätter fein hacken und unter die Sojamischung geben, diese etwa 30 Minuten durchziehen lassen.

Die abgetropften großen Pfefferblätter mit der glatten Seite nach unten auf die Arbeitsfläche legen, sodass die Blattspitzen nach oben zeigen. Je etwa 1 TL Sojafüllung mittig im unteren Drittel der Blätter verteilen. Die Seiten um die Füllung klappen, die Blätter vorsichtig von unten nach oben aufrollen und auf lange Holzspieße stecken.

Die Röllchen entweder grillen oder das Öl in einer großen Pfanne erhitzen und je zwei Spieße auf einmal darin bei mittlerer bis hoher Temperatur etwa 8 Minuten braten, dabei einmal wenden. Die Röllchen warm oder kalt, mit Tamarinden-Dip-Sauce und den übrigen Erdnüssen garniert, servieren. Den Pflücksalat und die Kräuter dazu reichen.

Selbst gemachte Reisnudelrollen

banh cuon

Mit etwas Übung lassen sich die Reisnudelrollen, die man oft in und um Hanoi an Straßenständen findet, auch zu Hause nachkochen. Der Teig ist etwas dicker als die getrockneten Reispapierblätter aus dem Asialaden, schmeckt dafür zarter und lässt sich ebenfalls nach Belieben füllen.

FÜR CA. 12 ROLLEN

Teig
120 g Reismehl
30 g Tapiokastärke
½ TL Salz
1 TL Bratöl (z. B. Sojaöl)

Füllung
5 g getrocknete Wolkenohrpilze (Mu-Err)
20 g Glasnudeln
1 kleine Zwiebel (ca. 40 g)
1 kleine Karotte (ca. 40 g)
40 g frische Shiitake-Pilze
1 EL Bratöl (z. B. Sojaöl)
40 g frittierter Tofu (*tofu puffs*)
Salz
frisch gemahlener weißer Pfeffer

Außerdem
2 EL Bratöl (z. B. Sojaöl)
1 Handvoll frische Kräuter (z. B. Perilla und vietnamesische Minze)
1 Handvoll Röstschalotten (*fried shallots/fried onions*)
1 Portion klassische Dip-Sauce (siehe Seite 48)

ZUBEREITUNG

Für den Teig alle Zutaten in einer Schüssel mit 400 ml warmem Wasser (etwa 60 °C) zu einer flüssigen Masse vermischen und diese mindestens 30 Minuten ruhen lassen.

Inzwischen für die Füllung die Wolkenohrpilze mit kochendem Wasser übergießen und etwa 20 Minuten ziehen lassen. Die Glasnudeln nach Packungsanleitung zubereiten und in mundgerechte Stücke schneiden. Die Zwiebel und die Karotte schälen und fein würfeln. Die Pilze putzen und ebenfalls fein würfeln. Das Öl in einer Pfanne erhitzen und Zwiebel-, Karotten- und Pilzwürfel darin unter Rühren bei hoher Temperatur etwa 5 Minuten anbraten.

Die Wolkenohrpilze abtropfen lassen und fein würfeln. Den Tofu 5 mm klein würfeln. Beides zum Pfannengemüse geben. Dieses weitere 2 Minuten braten. Die Glasnudeln unterrühren. Mit Salz und Pfeffer abschmecken. Vom Herd nehmen und abkühlen lassen.

Den Teig gut durchmischen und ein großes Brett mit 1 EL Öl einpinseln. Eine Pfanne nach und nach mit 1 EL Öl sehr dünn einpinseln und bei mittlerer Temperatur erhitzen. Je 2–3 EL Teig in die Pfanne geben und durch Schwenken verteilen. Die Pfanne abdecken und den Pfannkuchen 45–60 Sekunden garen, dann mit dem Pfannenwender vorsichtig an den Rändern lösen und zügig auf das eingeölte Brett wenden. Etwa 1 Minute abkühlen lassen, inzwischen den nächsten Pfannkuchen zubereiten. Auf den abgekühlten Pfannkuchen mittig 1–2 EL Füllung verteilen, die Seiten darüberklappen und den Pfannkuchen von unten nach oben aufrollen. Den übrigen Teig ebenso backen und füllen.

Die Rollen auf Tellern anrichten, mit den Kräutern und den Röstschalotten garnieren und die Dip-Sauce dazu reichen.

Reismehl-Kurkuma-Crêpes mit Austernpilzen

banh xeo

Der Teig für diese besonderen Crêpes ist traditionell vegan, denn er kommt ganz ohne Eier aus. Die auffällige Farbe verdankt er gemahlener Kurkuma. In Zentralvietnam sind *banh xeo* kleiner und werden gerne in Reispapier gewickelt. Im Süden dagegen kommen oft riesige Crêpes auf den Tisch mit einem großen Teller voller Kräuter und Salat.

FÜR CA. 8 CRÊPES

Crêpes
150 g Reismehl
50 g Weizenmehl Type 405
1 TL gemahlene Kurkuma
1 TL Salz
1 Prise Zucker
200 ml Kokosmilch
5 Lauchzwiebeln
150 g Austernpilze
3 Handvoll Mungobohnensprossen

Außerdem
4 EL Bratöl (z. B. Sojaöl)
2–4 EL eingelegte Karotten-Rettich-Streifen (siehe Seite 44)
2 Handvoll Salatblätter (z. B. Lollo rosso)
1–2 Handvoll Kräuter (z. B. Thaibasilikum, Reisfeldpflanze, Koriandergrün)
1 Portion klassische Dip-Sauce (siehe Seite 48)

ZUBEREITUNG

Für die Crêpes Reismehl, Weizenmehl, Kurkuma, Salz und Zucker in einer Schüssel vermischen. Die Kokosmilch und 300 ml Wasser zugeben und so lange rühren, bis ein flüssiger Teig entsteht. Diesen abgedeckt bei Raumtemperatur mindestens 4 Stunden oder über Nacht quellen lassen.

Den Backofen auf 100 °C Ober- und Unterhitze vorheizen. Die Lauchzwiebeln putzen, je nach Dicke längs halbieren und schräg in etwa 5 cm lange Stücke schneiden. Die Austernpilze putzen und in mundgerechte Stücke zupfen.

Etwas Öl in zwei Pfannen erhitzen. Je ein Viertel der Lauchzwiebeln und der Pilze darin bei hoher Temperatur etwa 2 Minuten anbraten. Je eine volle Kelle des Teigs zügig in beide Pfannen geben und unter Schwenken verteilen. Die Crêpes bei mittlerer Temperatur etwa 5 Minuten braten, bis die Ränder anfangen, knusprig und durchsichtig zu werden, je eine Crêpehälfte mit Sprossen belegen, die andere Hälfte darüberklappen. Fertige Crêpes im Backofen warm halten, bis der Rest fertig gebraten ist.

Die Crêpes mit eingelegtem Gemüse, Salat, Kräutern und Sauce servieren. Am Tisch die Crêpes mit Kräutern und eingelegtem Gemüse in die Salatblätter wickeln und in die Dip-Sauce tunken.

Kleine Reismehlpfannkuchen mit Auberginen
banh khot

Auf Basis des Teigs für *banh xeo* (siehe Seite 73) lassen sich auch diese südvietnamesischen Mini-Pfannkuchen zaubern. Die Küchlein sind außen knusprig und haben ein leicht cremiges Inneres. Für die Zubereitung benötigt man eine Pförtchenpfanne, wie sie zum Beispiel für die Zubereitung japanischer *takoyaki* oder holländischer *poffertjes* üblich ist.

FÜR CA. 24 PFANNKUCHEN

Reismehlpfannkuchen
- ½ Portion *banh-xeo*-Teig (siehe Seite 73)
- 25 g getrocknete halbierte Mungobohnen
- ½ Aubergine (ca. 150 g)
- 1 EL Bratöl (z. B. Sojaöl)

Außerdem
- 2 EL Bratöl (z. B. Sojaöl)
- 3–4 EL eingelegte Karotten-Rettich-Streifen (siehe Seite 44)
- 1 Handvoll vietnamesische Kräuter (z. B. Minze und Reisfeldpflanze)
- 1 Handvoll Röstschalotten *(fried shallots/fried onions)*
- 1 Portion klassische Dip-Sauce (siehe Seite 48)

ZUBEREITUNG

Für die Pfannkuchen den Teig mindestens 4 Stunden vor der Zubereitung (am besten am Vorabend) zubereiten. Die Mungobohnen ebenfalls 4 Stunden zuvor oder am Vorabend in Wasser einweichen. Anschließend abgießen und in einem kleinen Topf mit Wasser in etwa 20 Minuten gar kochen, dann erneut abgießen.

Die Aubergine putzen, längs in etwa 1 cm dicke Scheiben schneiden und diese in etwa 1 cm große Würfel schneiden. 1 EL Öl in einer mittelgroßen Pfanne erhitzen und die Auberginenwürfel darin unter gelegentlichem Rühren bei mittlerer bis hoher Temperatur in 7–10 Minuten goldbraun anbraten.

Die Mulden der Pförtchenpfanne mithilfe eines Backpinsels mit Öl ausstreichen und die Pfanne erhitzen. Den Teig mit einem Esslöffel zügig in die Mulden geben, mit Mungobohnen und Auberginenwürfeln belegen und bei mittlerer bis hoher Temperatur etwa 7 Minuten braten, bis die Pfannküchlein von unten goldbraun und leicht knusprig sind. Ist das Innere noch zu flüssig, die Pfanne für 1–2 Minuten mit einem Deckel abdecken. Die Mini-Pfannkuchen mit eingelegtem Gemüse, Kräutern und Röstschalotten belegen und mit der Dip-Sauce servieren.

SALATE & SANDWICHES

Vietnamesischer grüner Papayasalat
goi du du

Papayasalat ist in Vietnam, Kambodscha, Laos und Thailand sehr beliebt, dabei hat jedes Land leichte Abwandlungen. Als grüne Papaya bezeichnet man unreif geerntete Früchte, deren Fruchtfleisch weißlich bis hellgrün ist und eine knackig-feste Konsistenz hat. Wer im Asialaden nicht fündig wird, kann stattdessen auch grüne Mango, Bananenblüten oder auch Kohlrabi verwenden.

FÜR 2 PORTIONEN

Papayasalat
½ grüne Papaya (ca. 200 g)
1 große Karotte (ca. 100 g)
1 Handvoll vietnamesische Kräuter (z. B. Koriandergrün, Minze, Thaibasilikum)
3 EL geröstete Erdnusskerne
1 Portion klassische Dip-Sauce (siehe Seite 48)
2 TL geröstetes Sesamöl
100 g Naturtofu
1 EL Bratöl (z. B. Sojaöl)
1–2 EL Sojasauce

Außerdem
1 Handvoll vietnamesische Kräuter
2 EL Röstschalotten *(fried shallots/fried onions)*

ZUBEREITUNG

Die Papaya und die Karotte schälen und mit einem Julienneschneider in feine Streifen schneiden. Die Kräuter waschen und Blättchen grob hacken. Die Erdnüsse mittelfein hacken. Die Gemüsestreifen mit den Kräutern und 2 EL Erdnüssen in eine Salatschüssel geben und leicht durchkneten. Die Dip-Sauce mit dem Sesamöl vermischen, als Dressing unter den Salat heben und diesen mindestens 15 Minuten ziehen lassen.

Inzwischen den Tofu in feine Streifen schneiden. Das Bratöl in einer mittelgroßen Pfanne erhitzen. Den Tofu darin unter gelegentlichem Rühren bei mittlerer Temperatur in etwa 7–10 Minuten goldbraun braten. Die Sojasauce zugeben und unter Rühren einkochen lassen. Den Salat nochmal durchmischen und auf zwei Tellern anrichten. Mit Tofustreifen, übrigen Erdnüssen, Kräutern und Röstschalotten garniert servieren.

Fruchtiger Glasnudelsalat
bun chay

Als *bun chay* bezeichnet man in Vietnam allgemein vegetarische Nudelsalate. Diese Version zählt zu meinen Favoriten, wenn es am Vortag Sommerrollen gab (siehe Seite 62), denn viele der Zutaten hat man so bereits im Haus und muss nur noch losschnippeln. Und wenn es mal etwas sättigender sein soll: gebratenen Tofu oder Tofubällchen dazu servieren (siehe Seite 89).

FÜR 2 PORTIONEN

Glasnudelsalat
- 50 g Glasnudeln
- je ⅓ grüne und gelbe Paprika (à ca. 50 g)
- 80 g Rotkohl
- ½ Bund Radieschen (ca. 100 g)
- 1 Lauchzwiebel
- ½ reife Mango
- 1 Handvoll vietnamesische Kräuter (z. B. Koriandergrün und Reisfeldkraut)
- 1 Portion klassische Dip-Sauce (siehe Seite 48)
- 1 EL geröstete Erdnusskerne
- 1 EL gerösteter Sesam

Außerdem
- 1 Handvoll vietnamesische Kräuter (optional)
- 1 EL geröstete Erdnusskerne (optional)
- 1 EL gerösteter Sesam (optional)

ZUBEREITUNG

Für den Salat die Nudeln nach Packungsanleitung zubereiten, abtropfen lassen und in eine Salatschüssel geben. Die Paprika und den Rotkohl putzen und in feine Streifen schneiden. Die Radieschen putzen, je nach Größe halbieren und in feine Scheiben schneiden. Die Lauchzwiebel putzen und in feine Ringe schneiden. Die Mango schälen und das Fruchtfleisch in etwa 5 mm dünne Streifen schneiden. Das Gemüse und die Mango mit den Glasnudeln vermischen.

Die Kräuter waschen, die Blättchen grob hacken und mit der Dip-Sauce unter den Salat mischen. Die Erdnüsse mittelfein hacken und mit dem Sesam ebenfalls untermischen. Den Salat mindestens 15 Minuten durchziehen lassen, auf zwei Tellern anrichten und, auf Wunsch mit zusätzlichen Kräutern, Erdnüssen und Sesam garniert, servieren.

Jackfruchtsalat mit gebratenen Austernpilzen

goi mit tron

Jackfrüchte sind in ganz Südostasien beliebt. Sie wachsen als riesengroße noppige Früchte an den Bäumen. Unreif geerntet, haben sie eine beinahe fleischige Konsistenz und kommen gerne in Salaten oder Currys zum Einsatz. Dieser Salat lässt sich besonders einfach zubereiten und schmeckt schön erfrischend. Wer im Asialaden *banh trang me* (Sesamreispapier) findet, kann es rösten und als Cracker zu dem Salat servieren.

FÜR 2 PORTIONEN

Jackfruchtsalat
200 g Austernpilze
2 EL Bratöl (z. B. Sojaöl)
Salz
frisch gemahlener schwarzer Pfeffer
1 EL Zucker
2 EL »No-Fish-Sauce« (siehe Seite XX; alternativ Sojasauce)
2 EL frisch gepresster Limettensaft
1 kleine rote Chilischote
1 Knoblauchzehe
1 Dose eingelegte Jackfrucht (280 g Abtropfgewicht)
2 Schalotten
1 große Karotte (ca. 100 g)
1 Handvoll vietnamesische Kräuter (z. B. Minze, Reisfeldkraut, Thaibasilikum)

Außerdem
1 Handvoll vietnamesische Kräuter
1–2 EL gerösteter Sesam
1–2 EL Röstschalotten *(fried shallots/fried onions)*

ZUBEREITUNG

Die Pilze putzen und längs in etwa 1 cm breite Streifen schneiden. Das Öl in einer Pfanne erhitzen und die Pilze darin bei mittlerer bis hoher Temperatur in 7–10 Minuten goldbraun braten. Mit Salz und Pfeffer würzen und etwas abkühlen lassen.

Inzwischen den Zucker in einer Schale mit 2 EL heißem Wasser übergießen und darin auflösen. Mit »No-Fish-Sauce« und Limettensaft mischen. Die Chilischote putzen, auf Wunsch entkernen und fein würfeln. Den Knoblauch abziehen und fein würfeln. Beides unter das Dressing mischen und dieses 15 Minuten ziehen lassen.

Die Jackfrucht in einem Sieb kalt abspülen, in mundgerechte Stücke schneiden. Die Schalotten abziehen, längs halbieren und in feine Scheiben schneiden. Die Karotte schälen und mit einem Julienneschneider in feine Stifte schneiden. Die Kräuter waschen und die Blätter grob hacken. Schalotten, Karotte und Kräuter mit Jackfrucht, Pilzen und Dressing in einer Salatschüssel mischen.

Den Salat auf zwei Teller verteilen und, mit zusätzlichen Kräutern, geröstetem Sesam und Röstschalotten garniert, servieren.

Reisnudel-Bowl mit würzigen Tofubällchen

bun chay

Nudelsalate werden in Vietnam gerne als Bowl serviert, das heißt, alle Komponenten kommen nebeneinander in die Schüssel. Oft sind auch gebratene Fleischbällchen ein Bestandteil dieser Salate, in meiner Version kommen stattdessen saftige Tofu-Auberginen-Bällchen dazu. Hinzu gesellen sich knackiges Gemüse, wie immer viele Kräuter und ein schnelles Sesamdressing.

FÜR 2 PORTIONEN

Tofubällchen

2 japanische Auberginen (ca. 150 g; alternativ herkömmliche Auberginen)
4 EL Bratöl (z. B. Sojaöl)
Salz
100 g Naturtofu
1 EL frisch gepresster Limettensaft
1 EL Sojasauce
1 Knoblauchzehe
1 Stange Zitronengras
1 kleine rote Chilischote
frisch gemahlener schwarzer Pfeffer
1–2 EL Speisestärke

Bowl

100 g Reis-Vermicelli (dünne Reisnudeln)
1 mittelgroße Karotte (ca. 100 g)
½ Salatgurke
2 Handvoll Pflücksalat
2 Handvoll vietnamesische Kräuter (z. B. Minze, Koriandergrün, Thaibasilikum)
1 Portion Tamarinden-Dip-Sauce (siehe Seite 48)
1 EL Sesammus

Außerdem

2 EL geröstete Erdnusskerne, gehackt
1 EL Röstschalotten *(fried shallots/fried onions)*

ZUBEREITUNG

Für die Bällchen den Backofen auf 200 °C Ober- und Unterhitze vorheizen. Die Auberginen putzen und in etwa 2 cm große Stücke schneiden. Mit 1 EL Öl und Salz auf einem mit Backpapier belegten Blech verteilen, im Backofen etwa 25 Minuten backen, dann auskühlen lassen.

Den Tofu grob würfeln und in einem hohen Gefäß mit Auberginen, Limettensaft und Sojasauce pürieren. Den Knoblauch abziehen, fein würfeln und zugeben. Das untere Drittel vom Zitronengras fein würfeln. Die Chilischote putzen, auf Wunsch entkernen und ebenfalls fein würfeln. Knoblauch, Zitronengras und Chili zur Tofumischung geben. Diese mit Salz und Pfeffer abschmecken und 1 Stunde kühl stellen.

Für die Bowl die Nudeln nach Packungsanleitung zubereiten. Die Karotte schälen und mit einem Julienneschneider in feine Streifen schneiden. Die Gurke waschen und mit einem Sparschäler in feinen Streifen abziehen. Salat und Kräuter waschen und grob hacken. Alle Zutaten nebeneinander auf zwei Schalen verteilen. Die Dip-Sauce mit dem Sesammus glatt rühren.

Für die Bällchen die Hände mit der Stärke einreiben und aus der Tofumasse etwa zehn walnussgroße Bällchen formen. Das übrige Öl (3 EL) in einer Pfanne erhitzen und die Bällchen darin bei mittlerer Temperatur in etwa 7 Minuten rundherum goldbraun anbraten. Auf Küchenpapier abtropfen lassen und auf der Bowl verteilen. Diese mit Erdnüssen und Röstschalotten garnieren und mit dem Sesamdressing servieren.

Tapiokanudelsalat mit Kokosdressing

banh tam bi chay

Dieser Nudelsalat ist eine Spezialität der südvietnamesischen Küche. Die Nudeln dafür bestehen zum großen Teil aus Tapiokastärke, was sie beim Kochen besonders weich macht. Zusammen mit dem cremigen Kokosmilchdressing isst man *banh tam bi* an den Straßenständen in Saigon gerne schon zum Frühstück.

FÜR 2 PORTIONEN

Tapiokanudelsalat

½ Salatgurke
70 g eingelegte Wasserkastanien (alternativ ½ feste Birne)
2 Lauchzwiebeln
1 Handvoll geröstete Erdnusskerne
1 Handvoll eingelegte Karotten-Rettich-Streifen (siehe Seite 44)
200 ml Kokosmilch
Salz
1–2 Prisen Zucker
100 g Tapiokanudeln (*hu tieu dai;* alternativ Reisnudeln)
2–4 Frühlingsrollen (siehe Seite 66)

Außerdem

1 Handvoll vietnamesische Kräuter (z. B. langer Koriander, Koriandergrün, Thaibasilikum)
1 Portion klassische Dip-Sauce (siehe Seite 48)
2 TL Knusperchili in Öl (siehe Seite 51; alternativ fertig gekauft)
2 TL Lauchzwiebelöl (siehe Seite 51)

ZUBEREITUNG

Die Gurke waschen, längs vierteln und in 5 mm dünne Scheiben schneiden. Die Wasserkastanien abtropfen lassen und in feine Streifen schneiden. Die Lauchzwiebeln putzen und in feine Ringe schneiden. Die Erdnüsse mittelfein hacken. Das eingelegte Gemüse abtropfen lassen. Die Kokosmilch in einem kleinen Topf mit 2–3 Prisen Salz und dem Zucker erwärmen.

Die Tapiokanudeln nach Packungsanleitung zubereiten und auf zwei Schalen verteilen. Mit Gurke, Wasserkastanien, Lauchwiebeln, Erdnüssen und Gemüse anrichten. Die Frühlingsrollen mit einer Küchenschere in Stücke schneiden und auf der Bowl anrichten. Die Kräuter separat dazu servieren. Den Salat am Tisch mit der warmen Kokosmilch und der Dip-Sauce vermischen und mit Knusperchili und Lauchzwiebelöl garnieren.

Vietnamesisches Sandwich mit Pilz-Pâté und Tofu

banh mi chay

Banh mi heißen in Vietnam lecker gefüllte Baguette-Sandwiches, die fast überall im Land als Streetfood angeboten werden und aus mehreren aromatischen Schichten bestehen. Für Abwechslung in dieser veganen Version sorgen eine Pâté aus Austernpilzen, gebratene Tofuscheiben, eingelegtes Gemüse, Gurkenscheiben und natürlich frische Kräuter.

FÜR 2 PORTIONEN

1 großes Baguette
200 g Austernpilze
1 kleine Zwiebel
2 EL Bratöl (z. B. Sojaöl)
1 Knoblauchzehe
4 EL Sojasauce
30 g Cashewkerne
1 EL frisch gepresster Limettensaft
frisch gemahlener weißer Pfeffer
1 TL geröstetes Sesamöl
200 g Naturtofu
1 Handvoll vietnamesische Kräuter (z. B. Perilla und Minze)
¼ Salatgurke
3 EL eingelegte Karotten-Rettich-Streifen (siehe Seite 44)
2 EL eingelegte Radieschen (siehe Seite 44)

ZUBEREITUNG

Das Baguette im Ofen bei 180 °C Ober- und Unterhitze knusprig aufbacken. Die Austernpilze putzen und in Streifen zupfen. Die Zwiebel abziehen und grob würfeln. 1 EL Öl in einem Wok oder einer Pfanne erhitzen. Die Pilze und die Zwiebel darin bei mittlerer bis hoher Temperatur in 7–10 Minuten goldbraun anbraten. Den Knoblauch abziehen, fein würfeln, zugeben und 1 Minute mitbraten. Alles mit 2 EL Sojasauce ablöschen und einkochen lassen. Die Pilzmischung in ein hohes Gefäß geben und mit den Cashewkernen fein pürieren. Mit 1 EL Sojasauce, Limettensaft, Pfeffer und Sesamöl abschmecken.

Den Tofu in acht gleich große Stücke schneiden. Das übrige Bratöl (1 EL) in einer Pfanne erhitzen und den Tofu darin von beiden Seiten bei mittlerer Temperatur 7–10 Minuten anbraten. Mit der übrigen Sojasauce (1 EL) ablöschen, diese einkochen lassen und den Tofu auf Küchenpapier abtropfen lassen.

Die Kräuter waschen und die Blättchen abzupfen. Die Gurke waschen und mit einem Sparschäler in feinen Streifen abziehen. Das Baguette quer halbieren und die Hälften längs fast ganz durchschneiden. Die unteren und oberen Hälften gleichmäßig mit der Pilz-Pâté bestreichen und die jeweils unteren Hälften mit Gurkenstreifen belegen. Den Tofu gleichmäßig darauf verteilen, mit eingelegtem Gemüse sowie Kräutern belegen und das Sandwich zusammengeklappt servieren.

Frühstückssandwich mit Omelett

banh mi op la

Die Inspiration für dieses vietnamesische Sandwich stammt von einem beliebten Straßenstand in Hoi An, dem Banh Mi Phuong, den wir eines frühen Morgens aufsuchten, noch bevor die Geschäfte öffneten und es trubelig in der hübschen Touristenstadt wurde. Seitdem ist das würzige *banh mi* eines meiner Favoriten – sei es zum Frühstück oder zum Lunch – und es schmeckt auch mit Spiegeleiern statt des Omeletts sehr lecker.

FÜR 2 PORTIONEN

1 Baguette (alternativ 2 Baguettebrötchen)
¼ Salatgurke
80 g Mayonnaise
1–2 TL Chilisauce (siehe Seite 52; alternativ Sriracha-Chili-Sauce)
Salz
1 Handvoll vietnamesische Kräuter (z. B. Reisfeldkraut und Thaibasilikum)
1 Handvoll Babyspinat
1 kleine grüne Chilischote (optional)
3 Eier
1 TL Sojasauce
1 TL Bratöl (z. B. Sojaöl)
3–4 EL eingelegte Karotten-Rettich-Streifen (siehe Seite 44)

ZUBEREITUNG

Das Baguette im Ofen bei 180 °C Ober- und Unterhitze knusprig aufbacken. Die Gurke waschen und mit einem Sparschäler in feinen Streifen abziehen. Die Mayonnaise mit der Chilisauce verrühren und mit Salz abschmecken. Die Kräuter waschen und die Blättchen abzupfen. Den Spinat verlesen und die Chilischote, falls verwendet, putzen und in feine Ringe schneiden.

Die Eier mit der Sojasauce in einer Schale verquirlen. Das Öl in einer kleinen Pfanne erhitzen und die Eiermischung darin bei mittlerer Temperatur 4–5 Minuten stocken lassen. Das Omelett wenden und in weiteren 1–2 Minuten fertig braten. Das Omelett halbieren und die Hälften in jeweils drei oder vier Stücke schneiden.

Das Baguette quer halbieren und die Hälften längs fast bis zum Ende durchschneiden. Die unteren und oberen Hälften mit den Gurkenstreifen und den Spinatblättern belegen. Die Omelettstücke gleichmäßig darauf verteilen, mit eingelegtem Gemüse, Kräutern und nach Belieben Chili belegen und das Sandwich zusammengeklappt servieren.

27
taz am wochenende

是是非非
太得當年大

SUPPEN

Pho-Brühe
pho chay

Das heute bekannteste Gericht Vietnams, die würzige Pho-Suppe, schmeckt auch in der fleischlosen Variante sehr lecker. Ausschlaggebend für den würzigen Geschmack sind aromatische Gewürze wie Zimt, Sternanis und Co., die der Brühe ihr besonderes Aroma verleihen, genauso wie über offenem Feuer geröstete Schalotten und Ingwer. Für diese vereinfachte Version röste ich die Zutaten in der Pfanne und lasse sie anschließend in der Gemüsebrühe köcheln.

FÜR CA. 800 ML BRÜHE

Gemüsebrühe
1 große Karotte (ca. 100 g)
⅓ Rettich (ca. 100 g)
½ Stange Lauch (ca. 100 g)
2 Stangen Staudensellerie (ca. 100 g)
½ säuerlicher Apfel (ca. 100 g)
5 getrocknete Shiitake-Pilze
½ TL Salz

Pho-Würze
2 walnussgroße Stücke Ingwer
2 Schalotten
2 Sternanis
4 Gewürznelken
1 Stange Cassiazimt
1 Kapsel schwarzer Kardamom
1 TL Korianderkörner
1 EL Tamarisauce
1 TL geröstetes Sesamöl
frisch gemahlener weißer Pfeffer
1–2 TL Hefeflocken (optional)

ZUBEREITUNG

Für die Gemüsebrühe die Karotte und den Rettich schälen, den Lauch und den Staudensellerie putzen. Den Apfel waschen, vierteln und das Kerngehäuse entfernen. Alles in grobe Stücke schneiden und mit den Shiitake-Pilzen und dem Salz in einen Topf mit 1 l Wasser aufkochen und bei mittlerer Temperatur abgedeckt 30 Minuten kochen lassen.

Inzwischen für die Pho-Würze die Ingwerstücke und die Schalotten mit Schale halbieren oder vierteln und in einer kleinen Pfanne ohne Fett bei mittlerer bis hoher Temperatur unter gelegentlichem Wenden rösten, bis die Schalotten an einigen Stellen schwarz sind. Herausnehmen und in derselben Pfanne Sternanis, Gewürznelken, Zimt, angedrückte Kardamomkapsel und Korianderkörner rösten, bis sie duften.

Die Gemüsebrühe durch ein Sieb abseihen und die klare Brühe mit den Pilzen zurück in den Topf geben. Ingwer, Schalotten und Gewürze zugeben und die Brühe bei niedriger Temperatur abgedeckt weitere 30 Minuten köcheln lassen. Erneut durch ein feines Sieb abseihen. Die Brühe mit Tamarisauce, Sesamöl, Pfeffer sowie auf Wunsch mit Hefeflocken würzig abschmecken.

Pho mit Gewürztofu, Shiitake und Pak Choi

pho chay

Würzig marinierter Tofu, frische Shiitake-Pilze und blanchierter Pak Choi machen diese vegane Pho zu einer meiner Lieblingssuppen. Übrigens ist sie hier eher im nord-vietnamesischen Stil mit wenigen Kräutern garniert. Im Süden bekommt man zur Pho nämlich gleich einen großen Teller mit einer reichlichen Kräuterauswahl serviert!

FÜR 2 PORTIONEN

Pho

200 g Naturtofu
4 EL Sojasauce
2 EL frisch gepresster Limettensaft
1 TL Fünf-Gewürze-Pulver
1 kleine rote Chilischote
100 g frische Shiitake-Pilze
3 EL Bratöl (z. B. Sojaöl)
1 Pak Choi (ca. 200 g)
70 g breite Reisnudeln
½ Portion heiße Pho-Brühe (siehe Seite 102)

Außerdem

etwas Chilisauce zum Abschmecken (siehe Seite 42; optional)
1 Handvoll vietnamesische Kräuter (z. B. Thaibasilikum)
1 EL Chiliringe

ZUBEREITUNG

Für die Pho den Tofu in etwa 2 cm große Würfel schneiden. In einer flachen Schale mit Sojasauce, Limettensaft und Fünf-Gewürze-Pulver vermischen. Die Chilischote putzen, auf Wunsch entkernen, fein würfeln und ebenfalls untermischen. Den Tofu in der Marinade unter gelegentlichem Rühren mindestens 30 Minuten ziehen lassen.

Inzwischen die Shiitake-Pilze putzen und in etwa 1 cm dicke Stücke schneiden. 1 EL Bratöl in einer Pfanne erhitzen und die Pilze darin unter Rühren bei hoher Temperatur etwa 5 Minuten anbraten, dann herausnehmen. Den Pak Choi waschen, putzen, je nach Größe längs halbieren oder vierteln und in einem Topf mit kochendem Wasser 5 Minuten blanchieren. Dann in einem Sieb kalt abbrausen. Die Reisnudeln nach Packungsanleitung zubereiten.

Die übrigen 2 EL Bratöl in einer großen Pfanne erhitzen. Den Tofu aus der Marinade heben und bei mittlerer Temperatur unter gelegentlichem Rühren in etwa 10 Minuten rundherum kross anbraten. Mit der übrigen Marinade ablöschen und diese 2 Minuten einkochen lassen. Die Nudeln auf zwei Schalen verteilen, mit Pak Choi und Pilzen belegen und mit jeweils 200 ml Pho-Brühe übergießen. Auf Wunsch mit Chilisauce abschmecken. Die Tofuwürfel darübergeben und die Pho, mit Kräutern und Chiliringen garniert, servieren.

Pho mit Brokkoli, Zuckerschoten, Babymais und Ei

pho chay

Diese Pho-Variante besticht mit viel grünem Gemüse, knackigem Babymais und wachsweichem Ei. Wer es morgens gerne schon herzhaft mag, kann die würzige Nudelsuppe, wie in Vietnam üblich, direkt zum Frühstück genießen.

FÜR 2 PORTIONEN

Pho
100 g Brokkoli
100 g Zuckerschoten
100 g Babymais
70 g Austernpilze
2 EL Bratöl (z. B. Sojaöl)
2 Eier
50 g dünne Reisnudeln (Reis-Vermicelli)
½ Portion heiße Pho-Brühe (siehe Seite 102)

Außerdem
1 Handvoll Koriandergrün
2 EL Chiliringe
2 EL Lauchzwiebelringe
ein paar Limettenspalten
etwas Chilisauce (siehe Seite 42; optional)

ZUBEREITUNG

Den Brokkoli in mundgerechte Röschen zerteilen und diese in kochendem Salzwasser 5 Minuten blanchieren. Dann in einem Sieb kalt abschrecken. Die Zuckerschoten waschen, putzen und je nach Größe schräg halbieren oder dritteln. Den Babymais längs halbieren. Die Austernpilze putzen und in etwa 1 cm dünne Streifen zupfen.

Das Öl in einer Pfanne erhitzen und Zuckerschoten, Mais und Pilze darin bei mittlerer Temperatur unter gelegentlichem Rühren etwa 7 Minuten anbraten. Inzwischen die Eier in Wasser in etwa 5 Minuten wachsweich kochen, pellen und halbieren.

Die Reisnudeln nach Packungsanleitung zubereiten und auf zwei Schalen verteilen. Den Brokkoli und das gebratene Gemüse darübergeben und mit jeweils 200 ml Brühe übergießen. Die Suppe mit den Eierhälften belegen und, mit Korianderblättern, Chili- und Lauchzwiebelringen garniert, servieren. Limettenspalten dazu reichen und die Suppe auf Wunsch mit Chilisauce abschmecken.

Vietnamesisches Gemüsecurry

ca ri chay

Anders als in den Küchen Thailands oder Kambodschas kommt für vietnamesisches Curry keine selbst gemachte Currypaste zum Einsatz, sondern ein spezielles Currypulver, das dem indischen Madras-Currypulver ähnelt. Die besondere Mischung schmeckt in Kombination mit dem Gemüse, der cremigen Kokosmilchbrühe, dem duftendenden Zitronengras sowie den Kaffirlimettenblättern wunderbar würzig, ist aber nicht scharf.

FÜR 2 PORTIONEN

Curry
- 2 mittelgroße festkochende Kartoffeln (ca. 200 g)
- 1 weiße Süßkartoffel (ca. 200 g; alternativ herkömmliche Süßkartoffel)
- 1 mittelgroße Karotte (ca. 50 g)
- 1–2 japanische Auberginen (ca. 100 g; alternativ herkömmliche Auberginen)
- 1 Stange Staudensellerie
- 1 Schalotte
- 1 Stange Zitronengras
- 1 Knoblauchzehe
- 1 walnussgroßes Stück Ingwer
- 1 EL Bratöl (z. B. Sojaöl)
- 200 ml Gemüsebrühe
- 200 ml Kokosmilch
- 3 TL vietnamesisches Currypulver (alternativ Madras-Currypulver)
- 2 Kaffirlimettenblätter (alternativ Abrieb von ½ unbehandelten Limette)
- 1–2 EL frisch gepresster Limettensaft
- Salz
- frisch gemahlener schwarzer Pfeffer
- 1–2 EL »No-Fish-Sauce« (siehe Seite 47; alternativ Sojasauce)

Außerdem
- 1 Handvoll Koriandergrün
- 2 EL geröstete Erdnusskerne, gehackt

ZUBEREITUNG

Für das Curry Kartoffeln, Süßkartoffel und Karotte schälen und in etwa 3 cm große Stücke schneiden. Die Auberginen putzen, je nach Dicke längs halbieren und quer in etwa 1 cm dicke Scheiben schneiden. Den Sellerie waschen und etwa 1 cm groß würfeln. Die Schalotte abziehen und fein würfeln. Das untere Drittel vom Zitronengras fein würfeln. Den Knoblauch abziehen, den Ingwer schälen und beides fein würfeln.

Das Öl in einem Topf erhitzen. Karotten- und Selleriestücke sowie Schalotten-, Ingwer- und Zitronengraswürfel darin bei mittlerer bis hoher Temperatur etwa 3 Minuten anbraten. Kartoffel-, Süßkartoffel- und Auberginenstücke sowie Knoblauch zugeben und unter Rühren etwa 2 Minuten mitbraten. Alles mit Gemüsebrühe, Kokosmilch und Currypulver vermischen, aufkochen und offen etwa 25 Minuten kochen lassen.

Das Curry vom Herd nehmen, die Kaffirlimettenblätter darin 2 Minuten ziehen lassen und wieder entfernen. Das Curry mit Limettensaft, Salz, Pfeffer und »No-Fish-Sauce« abschmecken und, mit Koriander und Erdnüssen garniert, servieren.

Glasnudelsuppe mit Bambussprossen und Austernpilzen mien ga chay

Traditionell wird die wärmende Glasnudelsuppe mit Hähnchen zubereitet. In dieser Variante sorgen Austernpilze und Bambussprossen für Aroma und Textur. Schnell und unkompliziert zubereitet, ist diese Suppe ein tolles Feierabendgericht, vor allem an kalten Tagen. Als knuspriges Extra garniere ich die Suppe gerne mit frittierten Glasnudeln, dafür einfach die Nudeln für 1 Minute in einen Topf mit siedendem Öl geben.

FÜR 2 PORTIONEN

Glasnudelsuppe
2 Schalotten
1 walnussgroßes Stück Ingwer
½ kleine Chilischote
200 g Austernpilze
100 g eingelegte Bambussprossenscheiben
2–3 EL Bratöl (z. B. Sojaöl)
1 EL Sojasauce
600 ml Gemüsebrühe
200 g Glasnudeln
2 Kaffirlimettenblätter (alternativ Abrieb von ½ unbehandelten Limette)
1 EL »No-Fish-Sauce« (siehe Seite 47; alternativ Sojasauce)

Außerdem
20 g Glasnudeln, frittiert (siehe oben)
2 EL Lauchzwiebelringe
1 TL Chiliringe
1 EL Kräuterblätter (z. B. vietnamesischer Koriander)
2 EL Röstschalotten *(fried shallots/fried onions)*

ZUBEREITUNG

Für die Suppe die Schalotten abziehen, längs halbieren und quer in feine Stücke schneiden. Den Ingwer schälen und fein würfeln. Die Chilischote putzen und in feine Ringe schneiden. Die Austernpilze putzen und in feine Streifen zupfen. Die Bambussprossen in einem Sieb kalt abbrausen.

Das Öl in einem Topf erhitzen. Schalotten, Ingwer, Chili und Pilze darin bei hoher Temperatur etwa 5 Minuten anbraten und mit der Sojasauce ablöschen. Die Gemüsebrühe dazugießen und die Bambussprossen unterrühren. Die Suppe bei mittlerer Temperatur abgedeckt etwa 20 Minuten kochen lassen. 2 Minuten vor Ende der Garzeit Glasnudeln und Kaffirlimettenblätter zugeben. Die Suppe mit »No-Fish-Sauce« abschmecken, auf zwei Schalen verteilen und, mit frittierten Glasnudeln, Lauchzwiebel- und Chiliringen, Kräuterblättern und Röstschalotten garniert, servieren.

Reissuppe mit Pilzen und Lauchzwiebeln

chao chay

Reissuppe oder Reisbrei, wie das chinesische *congee*, isst man in ganz Asien gerne, vor allem zum Frühstück. Die vietnamesische Variante heißt *chao*, besteht mal aus Jasminreis, mal aus Klebreis oder, wie in meiner Version, aus einer Mischung von beidem. Mit den aromatischen und knusprigen Toppings ist die cremige Reissuppe nicht nur an trüben Regentagen lecker.

FÜR 2 PORTIONEN

Reissuppe
30 g Klebreis
90 g Jasminreis
50 g frische Shiitake-Pilze
2 Schalotten
1 EL Bratöl (z. B. Sojaöl)
Salz
1,2 l Gemüsebrühe
frisch gemahlener weißer Pfeffer
1–2 EL »No-Fish-Sauce« (siehe Seite 47; alternativ Sojasauce)

Außerdem
1 Handvoll vietnamesische Kräuter, grob gehackt (z. B. Perilla und vietnamesische Minze)
1 Handvoll Röstschalotten *(fried shallots/fried onions)*
1 Handvoll Lauchzwiebelringe
1 EL rote Chiliringe
100 g frittierter Tofu *(tofu puffs)*
1–2 TL geröstetes Sesamöl

ZUBEREITUNG

Für die Suppe den Klebreis in einem Sieb unter fließendem kaltem Wasser waschen und in einer Schüssel mit Wasser mindestens 2 Stunden (oder über Nacht) einweichen. Den Jasminreis anschließend ebenfalls waschen und mit dem Klebreis vermischen.

Die Pilze putzen und in etwa 5 mm dünne Scheiben schneiden. Die Schalotten abziehen, halbieren und in feine Streifen schneiden. Das Öl in einem großen Topf erhitzen. Die Schalotten und die Pilze darin bei hoher Temperatur etwa 5 Minuten anbraten, den Reis unterrühren, alles salzen und mit der Gemüsebrühe aufgießen. Die Suppe bei kleiner bis mittlerer Temperatur unter gelegentlichem Rühren etwa 45 Minuten kochen, bis der Reis eine sämig-weiche Konsistenz hat. Falls der Reis zwischendrin zu trocken wird, etwas Wasser dazugießen.

Die Reissuppe mit Pfeffer und »No-Fish-Sauce« abschmecken und auf zwei Schalen verteilen. Mit Kräutern, Röstschalotten, Lauchzwiebel- und Chiliringen garnieren. Den Tofu in etwa 1 cm dicke Scheiben schneiden und ebenfalls auf der Suppe verteilen. Die Suppe, mit dem Sesamöl beträufelt, servieren.

Auberginen-Tofu-Suppe mit Perilla

canh ca bung chay

Hier verbinden sich weiche Auberginen und gebratener Tofu mit fruchtig-säuerlicher Tamarindenbrühe, Kurkuma und dem intensiv minzigen Geschmack von Perilla zu einer wunderbar würzigen und unkomplizierten Suppe, wie man sie gerne im Norden Vietnams genießt.

FÜR 2 PORTIONEN

2 japanische Auberginen (ca. 300 g; alternativ herkömmliche Auberginen)
Salz
1 TL frisch gepresster Limettensaft
200 g Naturtofu
3 EL Bratöl (z. B. Sojaöl)
1 Schalotte
1 Knoblauchzehe
50 g frische Shiitake-Pilze
1 große Tomate (ca. 150 g)
500 ml Gemüsebrühe
1 TL gemahlene Kurkuma
1–2 TL Tamarindenpaste (alternativ Limettensaft)
1 EL Sojasauce
2–3 Prisen Zucker
frisch gemahlener schwarzer Pfeffer
1 Handvoll vietnamesische Kräuter (z. B. Perilla und vietnamesische Minze)

ZUBEREITUNG

Die Auberginen putzen, längs vierteln und in etwa 5 cm breite Stücke schneiden. In eine Schüssel mit Wasser, Salz und Limettensaft geben und 20 Minuten ziehen lassen. Inzwischen den Tofu in etwa 3 cm große Würfel schneiden. 2 EL Bratöl in einer Pfanne erhitzen und die Tofuwürfel darin bei mittlerer Temperatur unter gelegentlichem Wenden in etwa 10 Minuten rundherum kross anbraten.

Die Schalotte und den Knoblauch abziehen und fein würfeln. Die Pilze putzen und in etwa 1 cm große Würfel schneiden. Das übrige Bratöl (1 EL) in einem großen Topf erhitzen und die Schalotten-, Knoblauch- und Pilzwürfel darin bei hoher Temperatur etwa 3 Minuten anbraten. Die Tomate waschen, vierteln und grob würfeln. Mit den Tofuwürfeln in den Topf geben, die Auberginen in einem Sieb abgießen und ebenfalls unterrühren. Alles mit der Gemüsebrühe auffüllen, mit Kurkuma und Salz würzen und bei mittlerer Temperatur abgedeckt etwa 25 Minuten kochen, bis die Auberginen weich sind.

Die Suppe würzig mit Tamarindenpaste, Sojasauce, Zucker und Pfeffer abschmecken. Die Kräuter waschen, Blätter grob hacken und die Hälfte unter die Suppe rühren. Die Suppe auf zwei Schalen verteilen und, mit den übrigen Kräutern garniert, servieren.

建基百越文物千

金山寺
福建會館

TOFU & REIS

Tofu in Tomaten-Pfeffer-Sauce mit Kokosreis

dau sot ca chua

Kross angebratener Tofu verbindet sich in diesem Rezept mit einer fruchtig-pfeffrigen Tomatensauce zu einem unkomplizierten Feierabendgericht, das besonders lecker zu aromatischem Kokosreis schmeckt. Die Qualität des Pfeffers in der Sauce ist entscheidend für den würzigen Geschmack – wer kann, wählt dafür vietnamesischen Pfeffer von der Insel Phu Quoc oder Kampot-Pfeffer aus dem benachbarten Kambodscha.

FÜR 2 PORTIONEN

Tofu in Tomaten-Pfeffer-Sauce
400 g Naturtofu
5 EL Bratöl (z. B. Sojaöl)
2 Schalotten
2 Knoblauchzehen
1 Dose stückige Tomaten (400 g)
1 EL Tomatenmark
1 EL Sojasauce
1–2 Prisen Zucker
2 Lauchzwiebeln
4–5 Stängel Koriandergrün
1–2 TL frisch gemahlener schwarzer Pfeffer (siehe oben)
1 EL frisch gepresster Limettensaft
1 EL »No-Fish-Sauce« (siehe Seite 47; alternativ Sojasauce)

Kokosreis
150 g Jasminreis
200 ml Kokosmilch
2 Prisen Salz
2–3 Kaffirlimettenblätter (alternativ Abrieb von ½ unbehandelten Limette)

ZUBEREITUNG

Den Tofu in 2–3 cm große Würfel schneiden. Das Öl in einem Wok oder in einer großen Pfanne erhitzen, die Tofustücke darin bei hoher Temperatur unter häufigem Wenden in etwa 10 Minuten kross braten und auf Küchenpapier abtropfen lassen. Das Öl aus dem Wok bis auf 1 EL abgießen.

Die Schalotten und den Knoblauch abziehen und fein hacken. Das verbliebene Öl im Wok erhitzen. Die Schalotten und den Knoblauch darin bei mittlerer Temperatur 1 Minute anbraten. Tomaten, Tomatenmark, Sojasauce, Zucker und 50 ml Wasser zugeben und alles bei mittlerer bis hoher Temperatur offen etwa 10 Minuten köcheln lassen.

Inzwischen für den Kokosreis den Jasminreis in einem Sieb unter fließendem kaltem Wasser waschen und mit Kokosmilch, 200 ml Wasser und Salz in einem Topf bei mittlerer Temperatur 10–15 Minuten kochen. Dann vom Herd ziehen, die Kaffirlimettenblätter unterrühren und alles 2 Minuten ziehen lassen.

Die Lauchzwiebeln für die Sauce putzen und schräg in etwa 4 cm lange Stücke schneiden. Den Koriander waschen und die Blättchen abzupfen. Lauchzwiebeln, Tofu und Pfeffer zur Tomatensauce geben und 2 Minuten unter Rühren mitkochen. Die Sauce mit Salz, Limettensaft und »No-Fish-Sauce« abschmecken und, mit den Korianderblättchen garniert, servieren. Den Kokosreis dazu reichen.

Zitronengrastofu mit Kurkumareis und Wasserspinat dau hu xa ot

Tofu mit Zitronengras zu braten, ist in Vietnam eine beliebte Zubereitungsart. Der auf diese Weise aromatische Tofu passt zu vielen Gerichten mit Reis und Gemüse, aber auch als würziger Belag für *banh-mi*-Sandwiches (siehe Seite 93). In diesem Rezept verwende ich festen Tofu, in Vietnam jedoch kommt dafür oft weicherer Tofu zum Einsatz, dessen Textur zwischen Seidentofu und festem Tofu liegt.

FÜR 2 PORTIONEN

Zitronengrastofu
200 g Naturtofu
3 EL Bratöl (z. B. Sojaöl)
1 Stange Zitronengras
1 Schalotte
½ kleine rote Chilischote
2 EL Sojasauce

Kurkumareis
150 g Jasminreis
1 walnussgroßes Stück Ingwer
1 Knoblauchzehe
1 EL Bratöl (z. B. Sojaöl)
Salz
½ TL gemahlene Kurkuma

Wasserspinat
2 Knoblauchzehen
½ kleine rote Chilischote
200 g Wasserspinat
1 EL Bratöl (z. B. Sojaöl)
1 EL Sojasauce
1 EL Pilz-Würzsauce (*mushroom vegetarian stir fry sauce;* alternativ Sojasauce)
2 Prisen Zucker

Außerdem
2 EL Kräuterblätter (z. B. vietnamesischer Koriander)
1 EL Chiliringe

ZUBEREITUNG

Den Tofu in Dreiecke schneiden. 2 EL des Öls in einer Pfanne erhitzen und die Tofuecken darin bei mittlerer Temperatur in etwa 10 Minuten rundherum kross anbraten. Inzwischen das untere Drittel vom Zitronengras fein würfeln. Die Schalotte abziehen, die Chilischote putzen und beides fein würfeln. Den Tofu auf Küchenpapier abtropfen lassen.

Den Reis in einem Sieb kalt abbrausen. Den Ingwer und den Knoblauch schälen und fein würfeln. Das Öl in einem kleinen Topf erhitzen. Ingwer und Knoblauch darin etwa 2 Minuten anbraten. Reis, Salz und Kurkuma zugegen und mit etwa 450 ml Wasser aufgießen. Den Reis bei mittlerer Temperatur offen etwa 15 Minuten garen.

Für den Spinat den Knoblauch abziehen und in feine Scheiben schneiden. Die Chilischote putzen und in feine Ringe schneiden. Den Wasserspinat waschen und in etwa 5 cm lange Stücke schneiden. Das Öl in einer großen Pfanne erhitzen. Wasserspinat, Knoblauch und Chili darin bei hoher Temperatur etwa 4 Minuten braten. Soja- und Würzsauce, 1 EL Wasser sowie Zucker verrühren und den Wasserspinat damit ablöschen. Die Sauce unter Rühren 1–2 Minuten einkochen.

Für den Tofu das übrige Öl (1 EL) in einer Pfanne erhitzen. Zitronengras, Chili und Knoblauch darin bei hoher Temperatur 1–2 Minuten anbraten. Die Tofuecken zugeben und unter Rühren 1–2 Minuten braten. Alles mit der Sojasauce ablöschen und einkochen lassen. Tofuecken, Kurkumareis und Wasserspinat auf zwei Tellern anrichten und, mit Kräutern und Chiliringen garniert, servieren.

Im Lotusblatt gedämpfter Bratreis

com hap la sen chay

Für dieses Reisgericht wird der Gemüsereis angebraten und anschließend nur kurz im Lotusblatt gedämpft. Alternativ wird Klebreis verwendet, den man mit dem gebratenen Gemüse mischt und länger im Lotusblatt dämpft. In Vietnam kommen dafür frische Lotusblätter zum Einsatz, hier greife ich aber auf die getrockneten Exemplare zurück, die dem Reis ein erdiges Aroma verleihen. Wer keine Lotusblätter findet, kann den gebratenen Reis auch ungedämpft mit Tofu als Beilage genießen.

FÜR 2 PORTIONEN

150 g Jasminreis
Salz
1 große Karotte (ca. 100 g)
50 g frische Shiitake-Pilze
2 Lauchzwiebeln
1 Knoblauchzehe
100 g TK-Erbsen
100 g eingelegte Lotussamen (alternativ getrocknete Lotussamen; siehe Tipp unten)
4 getrocknete Lotusblätter
3 EL Bratöl (z. B. Sojaöl)
1 EL Sojasauce
frisch gemahlener weißer Pfeffer

Tipp: Wer getrocknete Lotussamen verwendet, muss diese über Nacht in Wasser einweichen und sie vor der Verwendung etwa 30 Minuten in frischem Wasser kochen.

ZUBEREITUNG

Den Jasminreis am besten am Vorabend nach Packungsanleitung in Salzwasser zubereiten und über Nacht abkühlen lassen, so lässt sich der Reis am nächsten Tag besser anbraten.

Die Karotte schälen und 1 cm groß würfeln. Die Shiitake-Pilze putzen und ebenfalls 1 cm groß würfeln. Die Lauchzwiebeln putzen und in feine Röllchen schneiden. Den Knoblauch abziehen und fein würfeln. Die Erbsen in einer Schale bereitstellen. Die Lotussamen in einem Sieb kalt abbrausen und ebenfalls bereitstellen. Die Lotusblätter in lauwarmem Wasser 10 Minuten einweichen, damit sie etwas biegsamer werden.

Inzwischen 1 EL Bratöl in einer großen Pfanne erhitzen. Karotte, Pilze und Lauchzwiebeln darin bei hoher Temperatur unter Rühren 3 Minuten anbraten. Knoblauch, Erbsen und Lotussamen zugeben und alles weitere 3 Minuten braten. Mit der Sojasauce ablöschen, das Gemüse auf einen Teller geben und beiseitestellen.

Das übrige Öl (2 EL) in der Pfanne erhitzen und den Reis darin unter Rühren 5 Minuten braten, dabei die Reiskörner mit dem Kochlöffel etwas lockern. Das Gemüse unter den Reis mischen und alles würzig mit Salz und Pfeffer abschmecken. Je zwei der Lotusblätter aufgeklappt in einen Bambusdämpfkorb oder einen Dämpfeinsatz legen und die Hälfte des Gemüsereises hineingeben. Die überhängenden Lotusblätter nach innen falten, das Lotuspäckchen umdrehen und in einem Topf über kochendem Wasser 5–10 Minuten dämpfen. Mit den übrigen Lotusblättern und dem übrigen Reis genauso verfahren. Zum Servieren die Blätter von der Mitte aus sternförmig aufschneiden und umklappen.

Tofu in Hoisin-Marinade mit Wokgemüse

dau phu ngu vi huong

Dieses Rezept für die besondere Tofuzubereitung hat es aus der chinesischen Küche nach Vietnam geschafft. Der Tofu wird dabei nicht wie üblich angebraten, sondern direkt in der würzigen Marinade aus Hoisin-Sauce und dem Fünf-Gewürze-Pulver eingekocht, was ihm eine weiche Textur verleiht und seine Oberfläche leicht karamellisieren lässt. Passt super zu knackig gebratenem Wok-Gemüse!

FÜR 2 PORTIONEN

Hoisin-Tofu

200 g Naturtofu
1 EL Hoisin-Sauce (siehe Seite 55; alternativ fertig gekauft)
2 EL Sojasauce
1 EL frisch gepresster Limettensaft
½ TL Zucker
½ TL Fünf-Gewürze-Pulver
½ TL heller Sesam

Wok-Gemüse

1–2 Pak Choi (ca. 200 g)
3 kleine Karotten (ca. 130 g)
½ rote Paprika (ca. 70 g)
90 g frische Shiitake-Pilze
2 Knoblauchzehen
2 EL Bratöl (z. B. Sojaöl)
1 Handvoll Mungobohnensprossen
1 EL Pilz-Würzsauce (*mushroom vegetarian stir fry sauce;* alternativ Sojasauce)
1 Prise Zucker
frisch gemahlener weißer Pfeffer
½ TL Speisestärke

Außerdem

1–2 EL heller Sesam

ZUBEREITUNG

Für den Hoisin-Tofu den Tofu in etwa acht gleich große Vierecke schneiden. Die Hoisin-Sauce in einer flachen Schale mit Sojasauce, Limettensaft, Zucker, Fünf-Gewürze-Pulver und Sesam glatt rühren und 50 ml kaltes Wasser untermischen. Den Tofu in die Marinade legen und darin unter gelegentlichem Wenden etwa 30 Minuten marinieren.

Inzwischen für das Wok-Gemüse den Pak Choi waschen, die hellen Stiele grob hacken und die Blätter je nach Größe längs halbieren. Die Karotten schälen und leicht schräg in feine Scheiben schneiden. Die Paprika putzen und in etwa 1 cm dicke Streifen schneiden. Die Pilze putzen und in etwa 5 mm dünne Scheiben schneiden. Den Knoblauch abziehen und in feine Scheiben schneiden.

Den Tofu samt Marinade in einer Pfanne erhitzen und bei mittlerer Temperatur unter gelegentlichem Wenden etwa 10–15 Minuten kochen lassen, bis die Marinade komplett eindickt und den Tofu leicht klebrig überzieht.

Das Bratöl für das Wok-Gemüse in einem Wok oder in einer großen Pfanne erhitzen. Das Gemüse darin unter Schwenken oder Rühren bei hoher Temperatur in 5–7 Minuten knackig anbraten. Die Mungobohnensprossen zugeben und 1 Minute mitbraten. Die Würzsauce mit 3 EL kaltem Wasser, Zucker, Pfeffer und Speisestärke glatt rühren, das Wok-Gemüse damit ablöschen und die Flüssigkeit unter Rühren etwa 2 Minuten einkochen lassen. Das Wok-Gemüse mit dem Hoisin-Tofu auf Tellern anrichten und, mit Sesam garniert, servieren.

Ananasbratreis mit grünen Tofustäbchen

com chien trai thom chay

Ursprünglich aus Thailand stammend, ist dieser fruchtige Bratreis heute auch in Vietnam sehr beliebt. Ich serviere dazu in grünem Reis panierte Tofustäbchen – bei grünem Reis bzw. grünen Reisflocken handelt es sich um unreif geernteten hellgrünen Reis, der oft durch die Zugabe von Pandanextrakt ein kräftigeres Grün erhält und beim Frittieren kross aufpufft.

FÜR 2 PORTIONEN

Ananas-Bratreis
100 g Jasminreis
Salz
¼ Ananas (ca. 100 g Fruchtfleisch)
½ rote Paprika (ca. 70 g)
1 mittelgroße Karotte (ca. 70 g)
2 Schalotten
2 Knoblauchzehen
½ gelbe Chilischote
3 EL Bratöl (z. B. Sojaöl)
40 g TK-Erbsen
1 EL Sojasauce
1 EL »No-Fish-Sauce« (siehe Seite 47; alternativ Sojasauce)
1 EL frisch gepresster Limettensaft
1 TL vietnamesisches Currypulver (alternativ Madras-Currypulver)
frisch gemahlener schwarzer Pfeffer

Tofustäbchen
200 g Naturtofu
4 EL Sojasauce
2 EL frisch gepresster Limettensaft
½ TL Zucker
½ TL Chiliflocken
50 g Reismehl
Salz
40 g Tapiokastärke
100 g grüner Reis (grüne Reisflocken)
ca. 200 ml Bratöl (z. B. Sojaöl)

ZUBEREITUNG

Den Jasminreis am besten am Vorabend nach Packungsanleitung in Salzwasser zubereiten und über Nacht abkühlen lassen, so lässt sich der Reis am nächsten Tag am besser anbraten.

Für die Tofustäbchen den Tofu quer in acht Stäbchen schneiden. In einer flachen Schale mit Sojasauce, Limettensaft, 4 EL Wasser, Zucker und Chiliflocken mindestens 30 Minuten unter Wenden marinieren. Inzwischen 30 g Reismehl mit 2 Prisen Salz in einer flachen Schale mischen. Das übrige Reismehl (20 g) mit Tapiokastärke und 100 ml kaltem Wasser verrühren, ebenfalls leicht salzen und in eine flache Schale füllen. Den grünen Reis in einer dritten Schale bereitstellen. Die Tofustäbchen abtropfen lassen und im Reismehl, in der Stärkemischung und schließlich in den grünen Reisflocken wenden und 30 Minuten kalt stellen.

Inzwischen für den Reis die Ananas schälen, den Mittelteil entfernen und das Fruchtfleisch 1–2 cm groß würfeln. Die Paprika putzen und 1 cm groß würfeln. Die Karotte schälen und ebenfalls 1 cm groß würfeln. Schalotten und Knoblauch abziehen und fein würfeln. Die Chilischote putzen und in Ringe schneiden. 1 EL des Bratöls in einer großen Pfanne erhitzen. Schalotten, Knoblauch, Chili, Paprika und Karotte darin bei hoher Temperatur unter Rühren etwa 3 Minuten braten. Ananas und Erbsen zugeben und 3 Minuten mitbraten. Alles auf einen Teller geben.

Den Backofen auf 100 °C Ober- und Unterhitze vorheizen. Das übrige Öl (2 EL) in der Pfanne erhitzen und den Reis darin unter Rühren etwa 3 Minuten anbraten. Das Gemüse unter den Reis mischen. Sojasauce, »No-Fish-Sauce«, Limettensaft, Currypulver und Pfeffer verrühren und zum Reis geben. Unter Rühren weitere 2 Minuten garen, dann im Ofen warm halten.

Außerdem
1 Handvoll vietnamesische Kräuter (z. B. Koriandergrün, vietnamesischer Koriander und Minze)
1 Handvoll Cashewkerne, geröstet
1 Portion klassische Dip-Sauce (siehe Seite 48; optional)

Für den Tofu das Bratöl in einem Wok oder einer Pfanne mit hohem Rand erhitzen. Die Tofustäbchen darin portionsweise unter gelegentlichem Wenden 3–5 Minuten braten und abtropfen lassen. Den Bratreis auf zwei Teller verteilen, mit Kräutern und Cashewkernen garnieren und mit Tofustäbchen servieren. Auf Wunsch die Dip-Sauce dazu reichen.

Gefüllter Tofu in schwarzer Bohnensauce

dau hu sot tuong den

Etwas aufwendiger ist dieses Gericht, bei dem Tofu ausgehöhlt, gefüllt, kross angebraten und anschließend in deftiger schwarzer Bohnensauce eingekocht wird. Für die Füllung verwendet man in Vietnam und China gerne Hackfleisch, ich habe es mit Karotten und Lauchzwiebeln probiert – wer mag, kann jedoch auch zu Sojagranulat oder angebratenen Pilzwürfeln greifen.

FÜR 2 PORTIONEN

Tofu

400 g Naturtofu
1 kleine Karotte (ca. 40 g)
1 Lauchzwiebel
1 Ei
Salz
2 Prisen Chiliflocken
ca. 200 ml Bratöl (z. B. Sojaöl)

Sauce

2 EL schwarze Bohnenpaste
1 TL Reisessig
2 TL Zucker
1 Schalotte
1 Knoblauchzehe
1 haselnussgroßes Stück Ingwer
1 EL Bratöl (z. B. Sojaöl)

Gemüse

200 g Kai-lan (chinesischer Brokkoli; alternativ Brokkoli oder Pak Choi)
2 Knoblauchzehen
2 EL Bratöl (z. B. Sojaöl)
1 EL Sojasauce
1–2 Prisen Zucker
frisch gemahlener schwarzer Pfeffer

Außerdem

1 Handvoll vietnamesische Kräuter (z. B. vietnamesische Minze und Melisse)

ZUBEREITUNG

Den Tofu in sechs Stücke schneiden und jedes Stück mit einem spitzen Teelöffel aushöhlen, dabei rundherum einen etwa 1 cm breiten Rand lassen. Die Reste vom Aushöhlen mit einer Gabel fein zerbröseln. Die Karotte schälen und grob dazuraspeln. Die Lauchzwiebel putzen, je nach Dicke längs halbieren, in feine Stücke schneiden und ebenfalls zugeben. Die Füllung mit dem Ei vermischen, mit Salz und Chiliflocken würzen und in den ausgehöhlten Tofustücken verteilen. (Den Rest der Masse etwa zum Füllen von Gemüse nutzen.) Das Bratöl in einer großen Pfanne erhitzen und die Tofustücke darin etwa 10 Minuten frittieren, dabei ab und zu wenden und anschließend auf Küchenpapier abtropfen lassen.

Für die Sauce Bohnenpaste, 6 EL kaltes Wasser, Essig und Zucker verrühren. Schalotte, Knoblauch und Ingwer schälen und fein würfeln. Das Öl in einer großen Pfanne erhitzen. Schalotte, Knoblauch und Ingwer darin etwa 3 Minuten anbraten. Die Sauce zugeben und bei mittlerer Temperatur 1 Minute aufkochen lassen. Die Tofustücke in die Sauce geben und unter gelegentlichem Wenden 3–5 Minuten kochen, bis die Sauce etwas eindickt und den Tofu überzieht.

Für das Gemüse den Kai-lan waschen, die Stiele etwa 1 cm groß würfeln und die Blätter in etwa 1 cm breite Streifen schneiden. Den Knoblauch abziehen und in feine Scheiben schneiden. Das Öl in einer Pfanne erhitzen und den Kai-lan mit dem Knoblauch darin unter Rühren bei mittlerer bis hoher Temperatur etwa 5 Minuten braten. Sojasauce und 1–2 EL Wasser zugeben, einkochen lassen und alles mit Zucker und Pfeffer würzen. Das Gemüse mit dem Tofu anrichten und, mit Kräutern garniert, servieren. Auf Wunsch Reis dazu reichen.

Kurkuma-Dill-Tofu mit geschmorten Auberginen

cha ca la vong chay

Inspiriert wurde dieses Gericht von *cha ca la vong* aus Hanoi – mit Kurkuma und Dill zubereitetem Fisch. Dazu gibt es in Sojasauce geschmorte Auberginen, die eine sehr beliebte und schnell zubereitete Gemüsebeilage in Vietnam sind.

FÜR 2 PORTIONEN

Auberginen
2–3 japanische Auberginen (ca. 300 g; alternativ 1 große herkömmliche Aubergine)
Salz
1 TL frisch gepresster Limettensaft
2 Schalotten
1 EL Bratöl (z. B. Sojaöl)
3 EL Sojasauce
½–1 TL Zucker
frisch gemahlener schwarzer Pfeffer

Tofu
200 g Naturtofu
1 EL Bratöl (z. B. Sojaöl)
50 ml Kokosmilch
2 EL »No-Fish-Sauce« (siehe Seite 47; alternativ Sojasauce)
1 EL frisch gepresster Limettensaft
2 Prisen Zucker
½ TL gemahlene Kurkuma
1 haselnussgroßes Stück Ingwer
2 Prisen Chiliflocken
½ Bund Dill

Außerdem
100 g Jasminreis
1 Handvoll vietnamesische Kräuter (z. B. vietnamesische Minze und Melisse; optional)
1 EL Chiliringe (optional)

ZUBEREITUNG

Die Auberginen putzen (den Stielansatz dabei entfernen) und in etwa 2 × 6 cm große Stücke schneiden. In einer Schüssel mit Salz und Limettensaft etwa 15 Minuten ziehen lassen. Inzwischen die Schalotten abziehen, längs halbieren und in feine Streifen schneiden. Das Öl in einer Pfanne erhitzen und die Schalotten darin bei mittlerer Temperatur 2 Minuten anschwitzen. Die Auberginen abgießen, zugeben und 3 Minuten mitbraten. Die Sojasauce mit 5 EL Wasser, Zucker und Pfeffer vermischen, die Auberginen damit ablöschen und die Flüssigkeit etwa 7 Minuten einkochen. Die Auberginen bei niedriger Temperatur und nach Bedarf unter Zugabe von zusätzlichem Wasser weiterschmoren, bis sie weich sind.

Den Tofu in etwa acht Stücke schneiden. Das Öl in einer mittelgroßen Pfanne erhitzen und der Tofu darin bei mittlerer Temperatur in etwa 10 Minuten rundherum kross anbraten. Inzwischen die Kokosmilch mit 50 ml Wasser, »No-Fish-Sauce«, Limettensaft, Zucker und Kurkuma vermischen. Den Ingwer schälen und fein dazureiben. Die Mischung mit den Chiliflocken würzen, den Tofu damit ablöschen und die Flüssigkeit unter gelegentlichem Rühren einkochen. Den Dill waschen, grob hacken und für 1 Minute zum Tofu in die Pfanne geben.

Den Reis in Salzwasser nach Packungsanleitung zubereiten und auf zwei kleine Teller stürzen. Die Auberginen und dem Kurkuma-Dill-Tofu separat dazu servieren und auf Wunsch mit Kräutern und Chiliringen garnieren.

TEIGTASCHEN

Bananenblattpäckchen mit Sojafüllung

banh nam

Diese Bananenblattpäckchen sind ein typisches Gericht Zentralvietnams aus der Gegend um Hue. Das Innere besteht aus einem weichen Reismehlteig mit Tapiokastärke, dorthinein wird die würzige Füllung gedrückt. Das Ganze wird mit Bananenblättern umhüllt und gedämpft. Traditionell füllt man die Päckchen mit einem Mix aus Hackfleisch und Shrimps, ich verwende jedoch nussiges Sojagranulat.

FÜR CA. 12 PÄCKCHEN

Teig

150 g Reismehl
10 g Tapiokastärke
½ TL Salz
2 EL Bratöl (z. B. Sojaöl)

Füllung

50 g Sojagranulat (alternativ feine Sojaschnetzel; erhältlich im Bioladen)
1 Schalotte
1 Knoblauchzehe
1 walnussgroßes Stück Ingwer
1 EL Bratöl (z. B. Sojaöl)
2 EL Sojasauce
1–2 EL Annatto-Öl (siehe Seite 51)
1 TL frisch gemahlener schwarzer Pfeffer

Außerdem

12 runde Bananenblätterzuschnitte (ca. Ø 20–25 cm; alternativ eckige Zuschnitte)
1 Portion klassische Dip-Sauce (siehe Seite 48)

Tipps: Falls die Bananenblätter zu trocken und unbiegsam sind, dann sollte man sie vor dem Füllen etwa 3 Minuten in kochendem Wasser blanchieren.
Der Teig lässt sich warm am besten verarbeiten, wer also eine größere Menge der Päckchen herstellen will, sollte den Teig portionsweise zubereiten.

ZUBEREITUNG

Für den Teig Reismehl, Stärke und Salz in einem Topf mischen, 350 ml kaltes Wasser zugeben, alles gut verrühren und 30 Minuten ruhen lassen.

Inzwischen für die Füllung das Sojagranulat in einer Schüssel mit kochendem Wasser übergießen und 15 Minuten ziehen lassen. Die Schalotte und den Knoblauch abziehen, den Ingwer schälen und alles fein würfeln. Das Sojagranulat in ein Sieb abgießen und gut ausdrücken. Das Öl in einer Pfanne erhitzen. Schalotte, Knoblauch und Ingwer darin bei mittlerer Temperatur 2 Minuten anbraten. Das Sojagranulat zugeben und unter Rühren 5 Minuten mitbraten. Alles mit der Sojasauce ablöschen und unter Rühren 2 Minuten einkochen. Das Annatto-Öl untermischen, die Füllung mit Pfeffer abschmecken und abkühlen lassen.

Die Teigmischung bei mittlerer Temperatur erhitzen und unter Rühren etwa 2 Minuten garen, bis sich ein klumpiger Teig bildet. Den Herd ausschalten und den Teig unter Zugabe des Öls so lange rühren, bis er sich als Kloß vom Topfboden löst.

Je drei bis vier Bananenblätter mit der glänzenden Seite nach unten nebeneinander auf die Arbeitsfläche legen. Je 1 gehäuften EL des Teigs mittig auf den Blättern verteilen und in eine rechteckige Form drücken. Je 1 gehäuften EL der Füllung darauf verteilen und leicht in den Teig drücken. Das untere Blattstück über die Füllung klappen, das obere darüberklappen und zum Schluss die seitlichen Ränder nach hinten umklappen. Die Päckchen in einem Bambusdämpfkorb oder Dämpfeinsatz übereinanderschichten und in einem Topf über kochendem Wasser 20 Minuten dämpfen. Aufwickeln und warm, mit der Sauce beträufelt, servieren.

Herzhafte Klebreisbällchen mit Mungobohnenfüllung banh it tran

Bällchen aus Klebreismehl sind in Vietnam sowohl in der herzhaften Küche beliebt als auch als süße Variante (siehe Seite 162). Die pikanten Bällchen kommen als Snack mit der klassischen vietnamesischen Dip-Sauce auf den Tisch und werden zusätzlich mit einem aromatischen Lauchzwiebelöl bestrichen und knusprigen Röstschalotten garniert.

FÜR CA. 8 BÄLLCHEN

Füllung
100 g getrocknete halbierte Mungobohnen
Salz
3 Lauchzwiebeln
100 g Austernpilze
1 große Karotte (ca. 100 g)
1 EL Bratöl (z. B. Sojaöl)
frisch gemahlener weißer Pfeffer

Teig
200 g Klebreismehl
½ TL Salz
1 TL Bratöl (z. B. Sojaöl)

Außerdem
Salz
1 EL Bratöl (z. B. Sojaöl)
2 EL Lauchzwiebelöl (siehe Seite 51)
2 EL Lauchzwiebelringe
2 EL Röstschalotten *(fried shallots/fried onions)*
1 Portion klassische Dip-Sauce (siehe Seite 48)

ZUBEREITUNG

Für die Füllung die Mungobohnen in einem Sieb unter fließendem kaltem Wasser waschen und in einer Schale mit Wasser mindestens 4 Stunden oder über Nacht einweichen. Anschließend in einem Topf knapp bedeckt mit Wasser bei mittlerer Temperatur etwa 25 Minuten kochen, bis sie zerfallen. Danach eventuell noch weiterkochen, bis die Restflüssigkeit verdampft ist.

Die Bohnen fein zerdrücken und mit Salz würzen. Die Lauchzwiebeln putzen und in feine Ringe schneiden. Die Austernpilze putzen und etwa 1 cm groß würfeln. Die Karotte schälen und ebenfalls etwa 1 cm groß würfeln. Das Öl in einer Pfanne erhitzen und Lauchzwiebeln, Pilze und Karotte darin bei mittlerer Temperatur etwa 7 Minuten anbraten. Mit den Mungobohnen vermischen und mit Salz und Pfeffer würzig abschmecken. Die Mischung komplett abkühlen lassen.

Für den Teig Klebreismehl, Salz und 200 ml warmes Wasser (etwa 60 °C) verrühren und anschließend zu einem homogenen Teig verkneten. Ist der Teig zu trocken, esslöffelweise heißes Wasser unterkneten, ist er zu weich, etwas Mehl zugeben. Den Teig mit dem Öl einstreichen und abgedeckt etwa 30 Minuten ruhen lassen. Anschließend zu einer Rolle formen und diese in acht Stücke teilen. Jedes Stück mit leicht angefeuchteten Händen zu einem Bällchen rollen. Fertige Bällchen mit Frischhaltefolie abdecken, damit sie nicht austrocknen.

Aus der Füllung Bällchen formen, die etwa 1 cm kleiner sind als die Teigbällchen. Jedes Teigbällchen etwas flach drücken, je ein kleineres Bällchen daraufgeben, den Teig darüber verschließen und erneut zu einem glatten Bällchen formen. Ausreichend Salzwasser in einem großen Topf zum Kochen bringen, 1 EL Bratöl zugeben

und die Bällchen darin portionsweise kochen, bis sie an die Oberfläche steigen, anschließend weitere 2 Minuten kochen, mit einer Schaumkelle herausheben, in eine Schüssel mit Eiswasser tauchen und auf einem Teller sofort mit dem Lauchzwiebelöl rundherum einpinseln. Die Bällchen, mit den Lauchzwiebelringen und den Röstschalotten garniert, servieren und die Dip-Sauce dazu reichen.

Pyramiden-Reispäckchen mit Kürbis-Pilz-Füllung

banh gio

Eine Spezialität Nordvietnams sind diese pyramidenförmigen Päckchen, die in Bananenblättern gedämpft werden und sich auf diese Weise besonders gut zum Transportieren eignen. Daher findet man die aromatischen Päckchen auch vor allem an den Ständen der vielen Lebensmittelmärkte. Besonders gerne isst man sie übrigens warm zum Frühstück.

FÜR CA. 8 PÄCKCHEN

Teig

200 g Reismehl
25 g Tapiokastärke
½ TL Salz
450 ml kalte Gemüsebrühe
2–3 EL Bratöl (z. B. Sojaöl)

Füllung

ca. ¼ Hokkaido-Kürbis (300 g)
30 g Sojagranulat (alternativ feine Sojaschnetzel; erhältlich im Bioladen)
1 Schalotte
1 Knoblauchzehe
100 g Kräuterseitlinge
2 EL Bratöl (z. B. Sojaöl)
2 EL Sojasauce
1 TL frisch gemahlener weißer Pfeffer
2 Prisen Fünf-Gewürze-Pulver

Außerdem

ca. 8 runde Bananenblätterzuschnitte (ca. Ø 20–25 cm; alternativ eckige Zuschnitte)

ZUBEREITUNG

Für den Teig Reismehl, Stärke und Salz in einem Topf mischen, die Gemüsebrühe unterrühren und alles 30 Minuten ruhen lassen. Inzwischen für die Füllung den Kürbis putzen, die Kerne entfernen und das Fruchtfleisch in 3 cm große Stücke schneiden. In einem Topf mit Wasser in etwa 30 Minuten weich kochen, abgießen und mit einem Kartoffelstampfer oder einer Gabel fein zerdrücken. Die Masse abkühlen lassen.

Inzwischen das Sojagranulat in einer Schüssel mit kochendem Wasser übergießen und etwa 15 Minuten quellen lassen. Die Schalotte und den Knoblauch abziehen und fein würfeln. Die Pilze putzen und fein würfeln. Das Sojagranulat in ein Sieb abgießen und gut ausdrücken. Das Öl in einer Pfanne erhitzen. Schalotte, Knoblauch und Pilze darin bei mittlerer Temperatur 3 Minuten anbraten. Das Sojagranulat zugeben und unter Rühren 5 Minuten mitbraten. Die Mischung mit der Sojasauce ablöschen und diese unter Rühren 2 Minuten einkochen. Alles dem Kürbispüree verrühren und würzig mit Salz, Pfeffer und Fünf-Gewürze-Pulver abschmecken.

Die Teigmischung erhitzen und unter Rühren etwa 2 Minuten garen, bis sich ein klumpiger Teig bildet. Den Herd ausschalten und die Masse unter Zugabe des Öls so lange rühren, bis ein zäher, möglichst glatter Teig entsteht. Die Bananenblätter einzeln kurz in eine Pfanne mit kochendem Wasser legen, damit sie biegsamer werden, und auf der Arbeitsfläche übereinanderstapeln.

Zum Befüllen jedes Blatt zweimal in der Mitte falten und mit der Hand so aufklappen, dass ein hohler Zylinder entsteht. Nun zunächst je 1 gehäuften EL des Teigs hineingeben und mithilfe eines Teelöffels am Rand verteilen. Je 1 gehäuften EL der Füllung hineingeben und etwas festdrücken. 1 EL Teig darübergeben und die

Füllung damit verschließen. Die Bananenblattränder um die Füllung klappen und auf Wunsch mit einem Stück Alufolie fixieren. Die Päckchen in einem Bambusdämpfkorb oder Dämpfeinsatz übereinanderschichten und in einem Topf über kochendem Wasser etwa 20 Minuten dämpfen. Aufwickeln, 10 Minuten ruhen lassen und noch warm servieren.

Blätterteig-Pilz-Taschen

banh pate so chay

Die französischen Teigtaschen *pâté chaud* sind seit der Kolonialzeit in Vietnam sehr populär und werden mit landestypischen Gewürzen verfeinert. Man genießt sie vor allem morgens zu einer Tasse Kaffee. Typischerweise kommt Fleisch in die Füllung, doch die Variante mit Pilzen und Soja schmeckt mindestens genauso lecker. Wer mag, kann die Füllung zusätzlich mit Glasnudeln, Erbsen und Karotten verfeinern.

FÜR CA. 8 TEIGTASCHEN

8 g getrocknete Wolkenohrpilze (Mu-Err)
40 g Sojagranulat (alternativ feine Sojaschnetzel; erhältlich im Bioladen)
1 EL Sojasauce
1 kleine weiße Zwiebel
1 Knoblauchzehe
½ kleine rote Chilischote
1 EL Bratöl (z. B. Sojaöl)
Salz
frisch gemahlener weißer Pfeffer
1 EL Speisestärke
1 Packung Blätterteig aus dem Kühlregal (ca. 275 g)
1 Ei
1 Handvoll vietnamesische Kräuter (z. B. Koriandergrün, Minze, Thaibasilikum)

ZUBEREITUNG

Die Pilze in einer Schüssel mit kochendem Wasser übergießen und mindestens 15 Minuten ziehen lassen. Das Sojagranulat mit Sojasauce und 120 ml kochendem Wasser übergießen und ebenfalls 15 Minuten ziehen lassen. Inzwischen Zwiebel und Knoblauch abziehen und fein würfeln. Die Chilischote putzen, auf Wunsch entkernen und fein würfeln.

Die Pilze abgießen, gut ausdrücken und fein würfeln. Das Öl in einer Pfanne erhitzen. Zwiebel, Knoblauch und Chili darin bei mittlerer bis hoher Temperatur etwa 3 Minuten anbraten. Die Pilze zugeben und 5 Minuten mitbraten. Die Pilzmischung mit dem Sojagranulat vermischen und abkühlen lassen, anschließend mit Salz und Pfeffer würzen, die Stärke untermischen und alles mindestens 30 Minuten durchziehen lassen.

Den Backofen auf 180 °C Ober- und Unterhitze vorheizen. Den Blätterteig auf der Arbeitsfläche ausbreiten und in acht Rechtecke schneiden. Je 1–2 gehäufte EL Füllung mittig auf jedes Rechteck geben. Das Ei trennen und Eiweiß und Eigelb separat in kleinen Schälchen verquirlen. Die Ränder der Teigstücke mit dem Eiweiß einstreichen, einmal um die Füllung klappen und mit den Fingern oder einer Gabel festdrücken. Die Teigtaschen auf einem mit Backpapier belegten Blech verteilen, mit dem Eigelb einstreichen und im Ofen in etwa 20 Minuten goldbraun backen. Mit den Kräutern garniert servieren.

Gebratene Teigtaschen mit Knoblauch-Schnittlauch banh he

Ursprünglich in der chinesischen Küche beheimatet, bereitet man diese leckeren Dumplings auch in Vietnam gerne zu, wobei sie zunächst gedämpft und dann knusprig angebraten werden. Knoblauch-Schnittlauch (chinesischer Schnittlauch) spielt in der Füllung die Hauptrolle, er kann jedoch auch gut durch eine Mischung aus Lauchzwiebeln und herkömmlichem Schnittlauch ersetzt werden.

FÜR CA. 4 TEIGTASCHEN

Teig
100 g Reismehl
100 g Tapiokastärke
½ TL Salz

Füllung
100 g Austernpilze
100 g Knoblauch-Schnittlauch (chinesischer Knoblauch)
1 EL Bratöl (z. B. Sojaöl)
Salz
frisch gemahlener schwarzer Pfeffer
1 Prise Zucker
½ TL Instant-Gemüsebrühe

Außerdem
2 EL Bratöl (z. B. Sojaöl)
1 EL Lauchzwiebelöl (siehe Seite 51)
1 EL gehackte Chilischote
2 EL klein geschnittener Schnittlauch-Knoblauch
1 Portion Hoisin-Dip-Sauce (siehe Seite 55)

ZUBEREITUNG

Für den Teig Reismehl, Stärke und Salz in einer Schüssel mischen, 175 ml kochendes Wasser unterrühren und alles zu einem glatten Teig verkneten. Diesen abdeckt etwa 30 Minuten ruhen lassen. Inzwischen für die Füllung die Pilze putzen und fein würfeln. Den Schnittlauch waschen und in etwa 1 cm breite Stücke schneiden. Das Öl in einer Pfanne erhitzen. Die Pilze darin bei hoher Temperatur unter gelegentlichem Rühren etwa 5 Minuten anbraten, den Schnittlauch zugeben und 2 Minuten mitbraten. Alles mit Salz, Pfeffer, Zucker und Gemüsebrühe abschmecken und etwas abkühlen lassen.

Den Teig in vier Stücke teilen und diese zu etwa 2 mm dicken Kreisen ausrollen. Die Füllung gleichmäßig mittig darauf verteilen, mit den Händen kompakt zusammendrücken und die Teigränder darüberklappen. Die Teigtaschen in einem Bambusdämpfkorb oder einem Dämpfeinsatz in einem Topf über kochendem Wasser etwa 20 Minuten dämpfen, anschließend etwa 15 Minuten abkühlen lassen.

Das Bratöl in einer großen Pfanne erhitzen und die Teigtaschen darin bei mittlerer bis hoher Temperatur in etwa 7 Minuten rundherum knusprig anbraten. Mit Lauchzwiebelöl beträufeln, mit Chili- und Schnittlauchstücken garnieren und mit der Hoisin-Dip-Sauce servieren.

Dampfbrötchen mit Taro-Füllung

banh bao chay

***Banh bao* ähneln den chinesischen *baozi*, sind als Straßensnack in Vietnam genauso populär und werden meistens herzhaft gefüllt. Man isst sie warm zum Frühstück, als Lunch nach der Schule oder auch als Snack zwischendurch. Die gefüllten fluffigen Dampfbrötchen lassen sich auch gut einfrieren – einmal vorbereitet, sind sie superschnell gemacht.**

FÜR CA. 4 DAMPFBRÖTCHEN

Teig

250 g Weizenmehl Type 405
2 Prisen Salz
¼ Würfel frische Hefe (ca. 10 g)
2 Prisen Zucker

Füllung

2–3 kleine Taro-Knollen (ca. 200 g; alternativ Süßkartoffeln)
1 weißfleischige Süßkartoffel (ca. 150 g; alternativ herkömmliche Süßkartoffel)
Salz
10 g getrocknete Wolkenohrpilze (Mu-Err)
1 Pak Choi (ca. 200 g)
1 EL Bratöl (z. B. Sojaöl)
frisch gemahlener weißer Pfeffer
1 EL geröstetes Sesamöl

Außerdem

1 TL Reisessig
1 EL schwarzer Sesam (optional)
1 EL Thaibasilikumblättchen (optional)
1 Portion Chilisauce (siehe Seite 52; alternativ Sriracha-Chili-Sauce)

ZUBEREITUNG

Für den Teig das Mehl mit dem Salz in einer Schüssel mischen, eine Mulde hineindrücken, die Hefe hineinbröseln, diese mit dem Zucker bestreuen und mit 125 ml lauwarmem Wasser übergießen. Alles etwa 15 Minuten ruhen lassen, anschließend gut vermischen und in mindestens 10 Minuten zu einem glatten, elastischen Teig verkneten. Diesen abgedeckt an einem warmen Ort etwa 1 Stunde gehen lassen.

Für die Füllung die Taro-Knollen und die Süßkartoffel schälen, grob würfeln, in wenig Salzwasser in etwa 20 Minuten weich kochen und fein zerstampfen. Inzwischen die Wolkenohrpilze in einer Schale mit kochendem Wasser übergießen und 20 Minuten quellen lassen, anschließend abgießen und fein würfeln. Den Pak Choi waschen und fein würfeln. Das Bratöl in einer Pfanne erhitzen. Den Pak Choi mit den Pilzen darin etwa 5 Minuten anbraten, mit dem Taro-Süßkartoffel-Püree vermischen und mit Salz, Pfeffer und Sesamöl würzen. Die Teigmischung erneut durchkneten und in vier Stücke teilen, diese zu Kugeln formen und abgedeckt weitere 15 Minuten ruhen lassen. Anschließend ausrollen und mit je etwa 2–3 EL der Füllung mittig belegen. Die Füllung kompakt zusammendrücken. Die vier Ränder nacheinander über die Füllung klappen, anschließend die Ecken nach oben drücken und mit den Fingern gut verschließen. Die Teigklöße abdeckt weitere 15 Minuten ruhen lassen.

Reichlich Wasser mit dem Essig in einem Wok, einem großen Topf oder einer großen Pfanne zum Kochen bringen. Die Teigklöße in einem Bambusdämpfkorb oder einem Dämpfeinsatz auf Backpapier platzieren und über dem kochenden Wasser etwa 10 Minuten dämpfen. Anschließend den Herd ausschalten und die Brötchen weitere 10 Minuten garen. Auf Wunsch mit schwarzem Sesam und Thaibasilikum garnieren und noch warm mit der Chilisauce servieren.

Frittierte Teigtaschen mit würziger Füllung

banh goi chay

Banh goi **nennt man in Vietnam frittierte goldbraune Teigtaschen, die herzhaft gefüllt und mit Dip-Sauce serviert werden. Vor allem im kühleren Norden Vietnams findet man diese knusprigen Taschen an den Straßenständen. Sie werden mit Kräutern gereicht, manchmal in kleinere Stücke geschnitten, manchmal in Salatblätter gewickelt. Auch sehr lecker: die Karotte in der Füllung durch Kohlrabi ersetzen.**

FÜR CA. 20 TEIGTASCHEN

Füllung

25 g Sojagranulat (alternativ feine Sojaschnetztel; erhältlich im Bioladen)
1 EL Sojasauce
5 g getrocknete Wolkenohrpilze (Mu-Err)
15 g Glasnudeln
1 mittelgroße Karotte (ca. 60 g)
1 Schalotte
1 EL Bratöl (z. B. Sojaöl)
Salz
frisch gemahlener schwarzer Pfeffer
1–2 EL Annatto-Öl (siehe Seite 51; alternativ 1 TL geröstetes Sesamöl)

Außerdem

20 kleine Wantan- oder Gyoza-Teigblätter
ca. 300 ml Bratöl (z. B. Sojaöl)
1 EL gehackte Minze
1 Portion klassische Dip-Sauce (siehe Seite 48)
2 Handvoll Salatblätter (optional)

ZUBEREITUNG

Für die Füllung das Sojagranulat in einer Schüssel mit der Sojasauce und kochendem Wasser übergießen und mindestens 15 Minuten quellen lassen. Inzwischen die Wolkenohrpilze in einer Schale mit kochendem Wasser übergießen und ebenfalls 15 Minuten quellen lassen. Die Nudeln in einer weiteren Schale mit kochendem Wasser übergießen und etwa 5 Minuten ziehen lassen, anschließend abgießen und mit der Küchenschere in kleine Stücke schneiden. Die Karotte schälen und etwa 5 mm klein würfeln. Die Schalotte abziehen und fein würfeln.

Das Sojagranulat in ein Sieb abgießen und etwas ausdrücken. Die Pilze ebenfalls abgießen und fein hacken. Das Bratöl in einer Pfanne erhitzen und Schalotte, Karotte, Pilze und Sojagranulat darin bei hoher Temperatur etwa 5 Minuten anbraten. Die Glasnudeln untermischen, die Mischung mit Salz, Pfeffer und Annatto-Öl würzen und etwas abkühlen lassen.

Die Teigblätter nacheinander füllen und falten. Dafür je 1 gehäuften TL Füllung mittig auf das Teigblatt setzen, die Ränder leicht mit Wasser einstreichen und die Teigtasche in der Hand zusammenfalten, dabei die Ränder leicht nach innen falten. Das Bratöl in einem Wok oder einer Pfanne mit hohem Rand erhitzen und die Teigtaschen darin bei hoher Temperatur portionsweise goldbraun frittieren. Auf Küchenpapier abtropfen lassen und mit der Minze garnieren. Die Dip-Sauce dazu reichen und auf Wunsch mit Salatblättern zum Einwickeln servieren.

DESSERTS

Klebreisbällchen mit Ingwer-Jasmin-Sirup

che troi nuoc

Diese weichen Bällchen sind sowohl in Vietnam als auch in vielen Ländern Südostasiens beliebt und ähneln von ihrer Konsistenz den beliebten japanischen mochi. Sie werden mit Mungobohnenpaste oder, wie in diesem Rezept, einer süßen Nusspaste gefüllt und in warmem Ingwersirup serviert.

FÜR CA. 15 BÄLLCHEN

Füllung
50 g Cashewkerne
20 g geröstete Erdnusskerne
1 TL Kokosöl
1 EL Zucker

Teig
150 g Klebreismehl
1 Prise Salz

Sirup
100 g Palmzucker (alternativ herkömmlicher Zucker)
2 walnussgroße Stücke Ingwer
ca. 4 EL getrocknete Jasminblüten

Außerdem
1 EL schwarzer Sesam, geröstet
2 EL in feine Streifen geschnittener Ingwer

ZUBEREITUNG

Für die Füllung die Cashewkerne in einer Pfanne ohne Fett bei mittlerer Temperatur goldbraun rösten. Zusammen mit den Erdnüssen grob hacken und in ein hohes Gefäß geben. Mit dem Kokosöl und dem Zucker fein pürieren, dabei nach Bedarf 1–2 TL Wasser zugeben. Die Masse mindestens 1 Stunde kühl stellen.

Inzwischen für den Teig das Klebreismehl und das Salz mit 150 ml warmem Wasser (etwa 60 °C) übergießen und zu einem homogenen Teig verkneten. Sollte der Teig zu weich sein, esslöffelweise Klebreismehl unterkneten, ist er zu trocken, etwas Wasser zugeben. Aus der Masse etwa 15 walnussgroße Bällchen formen.

Für den Sirup 400 ml Wasser mit dem Palmzucker erhitzen, bis sich der Zucker aufgelöst hat. Den Ingwer schälen, in feine Scheiben schneiden und mit den Jasminblüten zugeben. Alles etwa 30 Minuten ziehen lassen und anschließend durch ein Sieb gießen.

Die Nusmasse zu Bällchen rollen (à ½ TL). Die Klebreisbällchen flach drücken, je ein Nussbällchen daraufgeben, die Klebreismasse darüber verschließen und erneut zu glatten Bällchen rollen. Die Bällchen im siedenden Wasser so lange kochen, bis sie an die Oberfläche steigen, dabei vorsichtig durchmischen, damit sie nicht am Topfboden kleben bleiben.

Den Sirup kurz erhitzen und die fertigen Bällchen darin etwa 5 Minuten ziehen lassen. Die Bällchen zusammen mit dem Sirup in Schälchen anrichten und mit dem gerösteten Sesam und den Ingwerstreifen garniert servieren.

Fruchtige Sommerrollen mit Minze und Sesam-Kokos-Dip nem cuon

Sommerrollen schmecken nicht nur in den pikanten Versionen, sondern auch in dieser fruchtigen Variante mit cremigem Sesam-Kokos-Dip. Als Füllung eignen sich dabei alle Obstsorten – im Sommer sind die Röllchen zum Beispiel mit frischen Beeren, Pfirsichen und Melonen besonders lecker!

FÜR CA. 20 RÖLLCHEN

Dip
2–3 EL heller Sesam
200 ml Kokosmilch
1–2 EL Zucker
1 TL Tapiokastärke (alternativ herkömmliche Speisestärke)

Sommerrollen
½ Papaya (ca. 200 g)
½ Mango (ca. 250 g)
1 Guave (ca. 200 g; alternativ Apfel)
1–2 Bananen
2 EL frisch gepresster Limettensaft
4–5 Stängel Minze
20 kleine Reispapierblätter (Ø 16 cm)

ZUBEREITUNG

Für den Dip den Sesam in einer Pfanne ohne Fett bei mittlerer Temperatur goldbraun rösten. Mit der Kokosmilch ablöschen, mit dem Zucker abschmecken und alles etwa 2 Minuten kochen lassen. Die Stärke mit 1 EL kaltem Wasser glatt rühren, zugeben und alles unter Rühren in 2 Minuten dicklich einkochen. Den Dip in ein Schälchen umfüllen und komplett abkühlen lassen.

Inzwischen für die Sommerrollen Papaya, Mango und Guave schälen und in etwa 5 mm dünne und etwa 5–6 cm lange Stifte schneiden. Die Bananen schälen und in feine Scheiben schneiden. Das Obst auf einem Teller zum Füllen bereitstellen und mit dem Limettensaft beträufeln. Die Minze waschen und die Blättchen abzupfen.

Je drei bis vier Reispapierblätter nacheinander für wenige Sekunden in eine flache Schale mit lauwarmem Wasser tauchen und nebeneinander mit der glatten Seite nach unten auf die Arbeitsfläche legen. Das Obst und die Minze gleichmäßig mittig darauf verteilen. Die Seiten umklappen und die Blätter von unten nach oben mit ein wenig Druck aufrollen. Die Röllchen mit dem Sesam-Kokos-Dip servieren.

Bohnen-Schichtdessert mit Pandan-Jelly und Kokoscreme che ba mau

Bohnen kommen in Asien nicht nur in herzhaften Gerichten zum Einsatz, sondern sind als süße Pasten besonders für Desserts und als Füllung in Teigbällchen beliebt. In diesem Dessert kommen gleich zwei verschiedene Bohnensorten zum Einsatz, die in Kombination mit dem aromatischen Pandan-Jelly und der süßen Kokoscreme in Vietnam oft an heißen Tagen mit viel zerstoßenem Eis gegessen werden.

FÜR 2 PORTIONEN

Bohnen
50 g getrocknete halbierte Mungobohnen
50 g getrocknete Azukibohnen
60 g Zucker
½ TL gemahlener Zimt

Pandan-Jelly
20 g Pandanblätter (alternativ ca. 1 TL Pandanextrakt)
2 EL Zucker
¾ TL Agar-Agar

Kokoscreme
200 ml Kokosmilch
1–2 EL Zucker
1 Prise Salz
1 TL Tapiokastärke (alternativ herkömmliche Speisestärke)

Außerdem
zerstoßenes Eis (optional)

ZUBEREITUNG

Für die Bohnen beide Bohnensorten separat in zwei Schüsseln mit Wasser über Nacht einweichen. Anschließend die Azukibohnen in einem Topf mit 700 ml Wasser etwa 1 Stunde kochen, dann abgießen, leicht zerdrücken und noch warm mit 30 g Zucker mischen. Die Mungobohnen mit 250 ml Wasser in einem Topf in etwa 25 Minuten weich kochen, abgießen und mit den übrigen 30 g Zucker und dem Zimt vermischen. Beide Mischungen komplett abkühlen lassen.

Für das Pandan-Jelly die Pandanblätter mit einer Küchenschere in etwa 1 cm dicke Stücke schneiden, in ein hohes Gefäß geben und mit 40 ml Wasser fein pürieren. Die Masse durch ein feines Sieb passieren, dabei die Pandanblätter gut ausdrücken. 150 ml Wasser in einem kleinen Topf mit dem Zucker aufkochen, das Agar-Agar zugeben und alles unter Rühren 1 Minute kochen. Den Topf vom Herd nehmen, das Pandanextrakt unterrühren, die Mischung in eine flache Form füllen, abkühlen lassen und anschließend für mindestens 4 Stunden kalt stellen.

Für die Kokoscreme die Kokosmilch mit dem Zucker und dem Salz in einem kleinen Topf aufkochen. Die Stärke mit 2 EL kaltem Wasser anrühren, zugeben und 1 Minute mitkochen. Die Kokoscreme vorm Herd nehmen und komplett abkühlen lassen.

Zum Anrichten zunächst die Azukibohnenmischung auf zwei Dessertgläser verteilen, darauf die Mungobohnenmischung geben. Das Pandan-Jelly in etwa 2–3 cm große Würfel schneiden und darübergeben. Mit der Kokoscreme übergießen und auf Wunsch mit zerstoßenem Eis servieren. Das Dessert schmeckt am besten gut durchgekühlt.

Bananenkuchen

banh chuoi nuong

Bananenkuchen zählt in Vietnam zu den beliebtesten Kuchen und wird gerne zu einer Tasse Kaffee oder Tee serviert. Dabei wird der Kuchen mal mit Reis- und Tapiokamehl zubereitet, gedämpft und mit einer süßen Kokossauce serviert, mal gebacken wie hier. Die Konsistenz erinnert an einen Auflauf. Manchmal wird der Kuchen auch aus in Kokosmilch eingeweichtem Baguette vom Vortag zubereitet.

FÜR 4 STÜCKE

3–4 Bananen
50 g Zucker
60 g Butter plus mehr für die Form
4 Eier (Größe M)
100 ml Kokosmilch
150 ml gesüßte Kondensmilch
100 g Weizenmehl Type 405
1 Prise Salz

ZUBEREITUNG

Die Bananen schälen und entweder quer in etwa 1 cm dicke Scheiben schneiden oder quer halbieren und längs in Scheiben schneiden. In einer Schüssel mit dem Zucker vermischen und darin etwa 15 Minuten ziehen lassen. Inzwischen die Butter in einer kleinen Pfanne zerlassen und abkühlen lassen. Die Eier in einer Rührschüssel schaumig schlagen, Kokosmilch, Kondensmilch und zerlassene Butter unterrühren. Das Mehl mit dem Salz ebenfalls kurz untermischen. Zuletzt zwei Drittel der Bananen unterrühren.

Den Backofen auf 180 °C Ober- und Unterhitze vorheizen. Eine Kuchenform (Ø 20 cm) einfetten und die Teigmasse gleichmäßig hineinfüllen. Diese mit den übrigen Bananenscheiben belegen und im Ofen in 30–40 Minuten goldbraun backen. Den Kuchen anschließend im ausgeschalteten Ofen bei leicht geöffneter Ofentür weitere 10 Minuten ruhen lassen. Bei Raumtemperatur komplett abkühlen lassen und, in vier Stücke geschnitten, servieren.

Zitronengras-Ingwer-Crème-Caramel

banh flan

Der Klassiker aller französischen Desserts hat es während der Kolonialzeit nach Vietnam geschafft und wird mittlerweile im ganzen Land sowohl an Straßenständen als auch in Restaurants angeboten. Statt Sahne kommt häufig eine Mischung aus Kokos- und gesüßter Kondensmilch zum Einsatz, die manchmal mit heimischen Gewürzen verfeinert wird – in meiner Version mit Zitronengras, Ingwer und Kaffirlimettenblättern.

FÜR 6 STÜCK

100 g Zucker
2 Stangen Zitronengras
1 walnussgroßes Stück Ingwer
4 Kaffirlimettenblätter (alternativ Abrieb von ½ unbehandelten Limette)
200 ml Kokosmilch
150 ml gesüßte Kondensmilch
200 ml Milch
4 kleine Eier (Größe S)

Außerdem
Kokoschips (optional)

ZUBEREITUNG

Den Zucker in einer kleinen Pfanne karamellisieren lassen, mit 4 EL Wasser ablöschen und sirupartig einkochen. Den Karamellsirup auf sechs ofenfeste Förmchen (à ca. 150 ml) verteilen und abkühlen lassen.

Inzwischen das untere Drittel vom Zitronengras fein hacken. Den Ingwer schälen und fein würfeln. Die Kaffirlimettenblätter bis auf die harten Blattrippen in feine Streifen schneiden. Zitronengras, Ingwer und Kaffirlimettenblätter in ein Teesieb geben. Die Kokosmilch, die Kondensmilch und die Milch in einem kleinen Topf aufkochen, den Herd ausschalten, das Teesieb hineingeben und die Mischung etwa 1 Stunde ziehen lassen. Anschließend die Gewürze entfernen. Die Eier schaumig aufschlagen und die aromatisierte Milchmischung unterrühren.

Den Backofen bei 160 °C Ober- und Unterhitze vorheizen. Die Creme gleichmäßig auf die Förmchen mit dem Karamell gießen. Anschließend die Förmchen in eine große Auflaufform setzen, so viel Wasser zugießen, bis die Förmchen etwa zur Hälfte im Wasser stehen, und die Auflaufform für 40 Minuten in den Ofen stellen.

Die Crème Caramel bei Raumtemperatur abkühlen lassen und anschließend mindestens 4 Stunden kühl stellen. Zum Servieren die Ränder vorsichtig mit einem Messer lösen und die Crème auf kleine Teller stürzen. Auf Wunsch mit Kokoschips garniert servieren.

Frittierte gefüllte Sesambällchen

banh cam

Diese hübschen Bällchen sind einer der begehrtesten Snacks der vietnamesischen Straßenküche – sowohl bei Einheimischen als auch bei Touristen. Ihr Kern besteht aus einer süßen Mungobohnenpaste, der umhüllt ist von einem weichen *mochi*-artigen Teig und einer kross frittierten Sesamhülle. In der Größe können die Bällchen stark variieren, von kleinen Kugeln bis hin zu handflächengroßen Bällen. Auch im benachbarten China sind sie sehr beliebt und werden oft mit einer roten oder schwarzen Bohnenpaste gefüllt.

FÜR 12–14 BÄLLCHEN

Füllung
50 g getrocknete halbierte Mungobohnen
2 EL Zucker
1 Prise Salz
1 Prise Vanillepulver

Teig
40 g Zucker
1 Prise Salz
100 g Klebreismehl
40 g Kartoffelmehl
20 g Reismehl
20 g Weizenmehl Type 405
1 TL Bratöl (z. B. Sojaöl)

Außerdem
30 g Sesam
ca. 250 ml Bratöl (z. B. Sojaöl)

ZUBEREITUNG

Für die Füllung die Mungobohnen in einem Sieb unter fließendem kaltem Wasser waschen und in einer Schale mit Wasser mindestens 4 Stunden oder über Nacht einweichen. Anschließend in einem Topf, knapp bedeckt mit Wasser, bei mittlerer Temperatur etwa 25 Minuten kochen, bis sie zerfallen. Danach eventuell noch weiterkochen, bis die Restflüssigkeit verdampft ist. Den Zucker untermischen, die Bohnen zerstampfen, mit Salz und Vanillepulver würzen und komplett abkühlen lassen. Die Konsistenz sollte der eines festen Kartoffelpürees gleichen.

Für den Teig Zucker und Salz in einer Schüssel in 100 ml warmem Wasser (etwa 60 °C) auflösen. Alle Mehlsorten zugeben und alles zu einem homogenen Teig verkneten. Ist der Teig zu trocken, esslöffelweise heißes Wasser unterkneten, ist er zu weich, etwas Klebreismehl zugeben. Den Teig mit dem Öl einreiben und abgedeckt mindestens 1 Stunde ruhen lassen. Anschließend zu einer Rolle formen und diese in 12–14 Stücke teilen. Jedes Teigstück mit angefeuchteten Händen zu einem Bällchen rollen und mit Frischhaltefolie abdecken, damit sie nicht austrocknen.

Aus der Füllung Bällchen formen, die etwas kleiner sind als die Teigbällchen. Jedes Teigbällchen etwas flach drücken, je ein kleineres Bällchen daraufgeben, den Teig darüber verschließen und erneut zu einem glatten Bällchen formen. Dieses gleichmäßig in einer Schale mit dem Sesam wälzen.

Das Bratöl in einem Wok oder einem kleinen Topf erhitzen und die Bällchen darin portionsweise bei mittlerer Temperatur in 7–10 Minuten rundherum goldbraun frittieren, dabei gelegentlich wenden. Die fertigen Bällchen auf Küchenpapier abtropfen lassen und noch warm servieren.

Tapioka-Bananen-Pudding

che chuoi

Dieses einfache Dessert isst man in Vietnam am liebsten an kalten Tagen. Durch die Tapiokakügelchen erhält der Pudding eine besonders sämige Konsistenz. Am besten eignen sich für das Dessert kleine asiatische Bananen (*chuoi su* bzw. *pisang awak*). Sie haben eine festere Konsistenz und man kann sie direkt mit der Kokosmilch mitkochen. Der Pudding gelingt jedoch auch mit den großen *cavendish*-Bananen, diese sollte man jedoch nur etwa 3 Minuten mitkochen.

FÜR 2 PORTIONEN

ca. 300 g Bananen
30 g Zucker
2 EL kleine Tapiokakugeln (ca. 30 g)
2 Pandanblätter (alternativ 2 Prisen Vanille)
100 ml Kokosmilch
2 Prisen Salz

Außerdem

1 EL geröstete Erdnusskerne, gehackt
1 EL gerösteter Sesam

ZUBEREITUNG

Die Bananen schälen, in etwa 1 cm dicke Scheiben schneiden, in einer Schüssel mit dem Zucker vermischen und etwa 30 Minuten ruhen lassen. Inzwischen die Tapiokakugeln in einer Schale mit warmem Wasser etwa 20 Minuten einweichen und anschließend in ein Sieb abgießen.

250 ml Wasser in einem kleinen Topf aufkochen. Die Pandanblätter ineinander verknoten und im heißen Wasser bei niedriger Temperatur abgedeckt 15 Minuten köcheln lassen. Tapiokakugeln, Kokosmilch und Salz zugeben und alles offen weitere 12 Minuten köcheln lassen, dabei gelegentlich umrühren. Die Pandanblätter entfernen, die Bananen zugeben und 3 Minuten mitköcheln lassen. Den Pudding auf zwei Schalen verteilen und, mit den gehackten Erdnüssen und dem Sesam garniert, warm servieren.

NÓN SO
TẶNG 1 TẶNG 1 TẶNG 1 TẶNG 1 TẶNG 1
1986

LUXURY CONCERT
I'm in Love
MINH TUYẾT, BẰNG KIỀU, LỆ QUYÊN
NGÀY 7/8.3.2017
PHỐ
HÀNG ĐIẾU
QUÝ HỢP
BÁNH CUỐN BÀ TUYẾT
GIẦY
XUẤT

GETRÄNKE

SAIGON

14

Vietnamesischer Eierkaffee

ca phe trung

Eine Spezialität aus Hanoi ist dieser Kaffee mit einer cremig-süßen Eiercreme on top. Erfunden hat das Getränk ein Bartender in den 1940er-Jahren, als Milch und Sahne in Vietnam schwer erhältlich waren. Für die Creme wird lediglich Eigelb mit gesüßter Kondensmilch schaumig aufgeschlagen. Vietnamesischer Filterkaffee duftet und schmeckt übrigens manchmal nach Kakao, was der besonderen Röstung der Kaffeebohnen zu verdanken ist.

FÜR 2 PORTIONEN

200 ml starker Filterkaffee (z. B. vietnamesischer Kaffee von Trung Nguyen)
2 Eigelb
50 g gesüßte Kondensmilch
2 Prisen gemahlener Zimt

ZUBEREITUNG

Den Kaffee in zwei Gläsern oder Tassen aufbrühen. Das Eigelb mit der Kondensmilch in einer feuerfesten Schüssel über einem Wasserbad mit den Quirlen des Handrührgerätes auf höchster Stufe in etwa 5 Minuten hellgelb und schaumig aufschlagen. Den Eierschaum mit einem Löffel gleichmäßig auf dem Kaffee verteilen und diesen, mit dem Zimt garniert, servieren.

Eiskaffee-Variationen

Kaffee trinkt man in Vietnam am liebsten kalt mit süßer Kondensmilch. Dabei gibt es verschiedene leckere Variationen, die dem Eiskaffee je nach Zugabe von Milch, Kokosmilch oder Joghurt einen anderen Charakter verleihen – und auch mit selbst gemachtem Kaffee-Eis lässt sich das Getränk köstlich zubereiten.

FÜR 2 PORTIONEN

Klassische Variante
300 ml starker Filterkaffee (z. B. vietnamesischer Kaffee von Trung Nguyen)
50 ml gesüßte Kondensmilch
200 ml Milch (alternativ Kokosmilch oder Naturjoghurt)
4–6 Eiswürfel

Kaffee-Eis (für 800 ml Eis)
100 ml starker Filterkaffee (z. B. vietnamesischer Kaffee von Trung Nguyen)
200 g flüssige Sahne
400 ml gesüßte Kondensmilch
200 ml Kokosmilch
1 Prise Salz

Eiskaffee mit Kaffee-Eis
200 ml starker Filterkaffee (z. B. vietnamesischer Kaffee von Trung Nguyen)
4 Kugeln Kaffee-Eis (siehe oben)
200 ml Milch (alternativ kaltes Wasser)

ZUBEREITUNG

Für die klassische Eiskaffee-Variante den Kaffee leicht abkühlen lassen. Die Kondensmilch mit der Milch gut vermischen. Die Eiswürfel gleichmäßig auf zwei Gläser verteilen, mit dem Kaffee übergießen und die Milchmischung dazugießen. Alles mit einem Löffel oder einem Strohhalm vermischen und sofort servieren.

Für das Kaffee-Eis den Kaffee komplett abkühlen lassen. Die Sahne steif schlagen und die Kondensmilch mit der Kokosmilch und dem Salz unterrühren. Den Kaffee ebenfalls unterrühren, die Mischung in einen Behälter gießen, mit Frischhaltefolie abdecken und für mindestens 4 Stunden in das Gefrierfach geben.

Für die Eiskaffee-Variante mit Kaffee-Eis den Kaffee komplett abkühlen lassen und auf zwei Gläser verteilen. Je zwei Kugeln Kaffee-Eis dazugeben und alles mit Milch aufgießen. Alles vermischen und sofort servieren.

Avocado- & Mango-Shake
sinh to bo & sinh to xoai

Fruchtshakes auf Basis von gesüßter Kondensmilch, Milch oder Joghurt werden in Vietnam oft Smoothies genannt, haben meist eine leicht gefrorene und sämige Konsistenz und sind die perfekte Erfrischung bei jedem Bummel über trubelige Märkte an heißen Tagen. Die Shakes schmecken auch lecker mit anderen Früchten wie Papaya, Bananen oder Drachenfrucht.

FÜR 2 PORTIONEN

Avocado-Shake
2 reife Avocados
100 g Eiswürfel
200 ml Milch
120 ml gesüßte Kondensmilch
1 unbehandelte Limette

Mango-Shake
1 reife Mango
80 g Eiswürfel
200 ml Milch
80 ml gesüßte Kondensmilch
1 unbehandelte Limette (optional)

ZUBEREITUNG

Für den Avocado-Shake die Avocados halbieren, entsteinen, das Fruchtfleisch aus den Schalen lösen und mit Eiswürfeln, Milch und Kondensmilch im Mixer oder in einem hohen Gefäß mit dem Pürierstab cremig pürieren. Die Limette waschen, ½ TL Schale fein abreiben und unter den Shake rühren. Den Shake auf zwei Gläser verteilen und auf Wunsch mit Limettenscheiben garnieren.

Für den Mango-Shake die Mango schälen, das Fruchtfleisch vom Stein schneiden und mit Eiswürfeln, Milch und Kondensmilch im Mixer oder in einem hohen Gefäß mit dem Pürierstab cremig pürieren. Den Shake auf zwei Gläser verteilen und, auf Wunsch mit feinen Streifen Limettenschale garniert, servieren.

Tamarinden-Eistee & Limettenlimonade

tra da & soda chanh

Zwei unkomplizierte Erfrischungsgetränke, die in Vietnam gerne getrunken werden, sind grüner Eistee und spritzige Limettenlimonade. In meinem Rezept sorgt Tamarindenpaste statt Limettensaft für die besondere säuerliche Note im Eistee und die einfache Limo aromatisiere ich zusätzlich mit Zitronengras und Kaffirlimettenblättern.

FÜR JE 2 PORTIONEN

Eistee
400–500 ml starker Grüntee
1–2 TL Tamarindenpaste
60 ml Zuckersirup
2 Stängel Minze
4–6 Eiswürfel

Limonade
60 ml frisch gepresster Limettensaft
60 ml Zuckersirup
4 Kaffirlimettenblätter
2 Stangen Zitronengras
4–6 Eiswürfel
1 unbehandelte Limette (optional)

ZUBEREITUNG

Für den Eistee den Tee komplett abkühlen lassen und auf zwei Gläser oder kleine Glasflaschen verteilen. Mit der Tamarindenpaste und dem Zuckersirup verrühren. Die Minze waschen und zugeben. Die Eistee, mit Eiswürfeln gekühlt, servieren.

Für die Limonade den Limettensaft auf zwei Gläser verteilen und mit dem Zuckersirup verrühren. Jedes Glas mit etwa 200 ml Wasser auffüllen und die Kaffirlimettenblätter zugeben. Die unteren Teile der Zitronengrasstangen mit der stumpfen Messerseite andrücken und in die Limonade geben. Etwa 1 Stunde ziehen lassen, mit Eiswürfeln auffüllen und, auf Wunsch mit Limettenscheiben garniert, servieren.

Pho-Cocktail mit würzigen Erdnüssen

Die Aromen einer Pho-Brühe vereint mit Gin und einem Spritzer Chili- und Sojasauce: Das ist die würzige Basis des besonderen Pho-Cocktails, der 2012 von dem vietnamesischen Bartender Pham Tien Tiep kreiert wurde und mittlerweile im ganzen Land in den Bars angeboten wird. Und als Knabberei zum Drink passen besonders gut frisch geröstete Gewürzerdnüsse.

FÜR JE 2 PORTIONEN

Erdnüsse
100 g ungeröstete Erdnusskerne mit Häutchen
1 TL Bratöl (z. B. Sojaöl)
2 Prisen Fünf-Gewürze-Pulver
2 Prisen Salz
1 Prise Zucker
1 Stange Zitronengras
4 Kaffirlimettenblätter

Pho-Gewürzsirup (100 ml)
1 Kapsel schwarzer Kardamom
1 Zimtstange
3 Sternanis
4 Gewürznelken
½ TL Korianderkörner
50 g Zucker

Cocktail
120 ml Gin
30 ml Triple Sec
50 ml frisch gepresster Limettensaft
½ Portion Pho-Gewürzsirup (siehe oben)
½ TL Chilisauce (siehe Seite 52; alternativ Sriracha-Chili-Sauce)
½ TL Sojasauce
2–4 Eiswürfel
2 Stängel Koriandergrün
2 Scheiben von einer unbehandelten Limette
2 Sternanis (optional)
2 Zimtstangen (optional)

ZUBEREITUNG

Die Erdnüsse in einem Wok oder einer Pfanne bei hoher Temperatur unter Rühren etwa 5 Minuten anrösten. Öl, Fünf-Gewürze-Pulver, Salz und Zucker zugeben und bei niedriger Temeperatur 5 Minuten mitrösten. Das untere Drittel vom Zitronengras fein würfeln, die Kaffirlimettenblätter von den harten Blattrippen befreien und in feine Streifen schneiden. Beides zu den Nüssen geben und diese weitere 1–2 Minuten rösten. Die würzigen Nüsse auf einem Blatt Backpapier verteilen und komplett abkühlen lassen.

Für den Pho-Gewürzsirup die Kardamomkapsel mit der stumpfen Messerseite etwas andrücken. Zusammen mit Zimt, Anis, Gewürznelken und Korianderkörnern in einer Pfanne ohne Fett bei hoher Temperatur unter gelegentlichem Rühren etwa 3 Minuten rösten, bis alles aromatisch duftet. Den Zucker mit 50 ml Wasser in einem kleinen Topf erhitzen, bis er sich auflöst. Den Topf vom Herd nehmen, die Gewürze zugeben und etwa 30 Minuten in der Zuckerlösung ziehen lassen. Anschließend den Sirup durch ein Sieb in ein sterilisiertes Glas füllen und bis zur Verwendung verschließen.

Für den Cocktail Gin, Triple Sec, Limettensaft, Gewürzsirup, Chilisauce und Sojasauce in einen Cocktail-Shaker geben. Die Eiswürfel und etwa 60 ml Wasser zugeben und alles kräftig schütteln. Den Drink auf zwei Gläser verteilen und mit Koriandergrün, den Limettenscheiben und, auf Wunsch mit Sternanis und je einer Zimtstange garniert, servieren.

Saigon Mule mit Lotuschips

Der Saigon Mule ist ein aromatischer Drink mit Nep Moi, einem vietnamesischen Wodka aus Klebreis, der intensiv nach geröstetem Reis schmeckt. In Kombination mit Gurke, Limette und Ginger Beer entsteht daraus schnell ein leckerer Cocktail, der toll mit knusprigen Chips aus Lotuswurzeln harmoniert.

FÜR 2 PORTIONEN

Lotuschips
1 Lotuswurzel
1 TL Reisessig
ca. 250 ml Bratöl (z. B. Sojaöl)
Salz

Saigon Mule
120 ml Nep Moi (Klebreiswodka)
200 ml Ginger Beer (alternativ Ginger Ale)
60 ml frisch gepresster Limettensaft
4–6 Eiswürfel
⅓ Salatgurke
1 unbehandelte Limette (optional)

ZUBEREITUNG

Für die Chips die Lotuswurzel auf Wunsch schälen und in feine Scheiben schneiden. Die Scheiben in eine Schüssel mit ausreichend Wasser und ein paar Tropfen Reisessig etwa 15 Minuten einlegen, dies verhindert das Verfärben der Wurzeln. Die Lotuswurzelscheiben abtropfen und mit Küchenpapier ganz trocken tupfen. Das Öl in einem Wok oder kleinen Topf erhitzen und die Lotuswurzeln darin in etwa 10 Minuten knusprig frittieren. In einer Schale mit dem Salz durchschwenken und abkühlen lassen.

Für den Saigon Mule den Nep Moi auf zwei Gläser verteilen. Mit Ginger Beer und Limettensaft auffüllen, Eiswürfel zugeben und alles gut vermischen. Die Gurke mit dem Sparschäler in feinen Streifen abziehen und diese an den inneren Glasrändern anlegen. Den Cocktail nach Wunsch mit zusätzlichen Eiswürfeln und Limettenscheiben garnieren und mit den Lotuschips servieren.

Pandan-Daiquiri & Passionsfrucht-Martini

Diese beiden Varianten der beliebten Cocktailklassiker wurden durch die Aromen und Früchte Vietnams inspiriert: Der Daiquiri wird mit aromatischen Pandanblättern verfeinert und in den Martini wandern frische Passionsfrüchte und feurige Chilischoten.

FÜR JE 2 PORTIONEN

Pandan-Daiquiri
5 Pandanblätter (ca. 30 g)
120 ml weißer Rum
60 ml frisch gepresster Limettensaft
60 ml Zuckersirup
2–4 Eiswürfel

Passionsfrucht-Martini
4 Passionsfrüchte
¼–½ kleine rote Chilischote
120 ml Wodka
50 ml Zuckersirup
20 ml frisch gepresster Limettensaft
1 Eiweiß
2–4 Eiswürfel

ZUBEREITUNG

Für den Daiquiri die Pandanblätter waschen und mit einer Küchenschere in etwa 1 cm breite Stücke schneiden. In ein hohes Gefäß mit 60 ml Wasser geben, fein pürieren und die Mischung durch ein Sieb passieren, dabei die Pandanblätter gut ausdrücken. 50 ml des Pandanextraktes in einen Cocktailshaker mit Rum, Limettensaft, Zuckersirup und Eiswürfeln geben und alles kräftig schütteln. Den Drink auf zwei Gläser verteilen und servieren.

Für den Martini die Passionsfrüchte halbieren und das Fruchtfleisch in einen Cocktailshaker geben. Die Chilischote putzen, auf Wunsch entkernen, fein würfeln und mit Wodka, Zuckersirup, Limettensaft, Eiweiß und Eiswürfeln zugeben und alles kräftig schütteln. Den Cocktail auf zwei Gläser verteilen und servieren.

The MACALLAN
12
Maker's Mark
BOURBON WHISKY

SPEISE-
KAMMER

Kräuter

Die Kräutervielfalt Vietnams ist riesig und diese Auswahl spiegelt nur einen kleinen Teil der zahlreichen Sorten wider, welche vor allem in Zentralvietnam angebaut werden. Bereits mit den hier gut erhältlichen Kräutern wie Koriandergrün, Minze und Zitronengras schmecken vietnamesische Gerichte lecker. Wer jedoch die Möglichkeit hat, ab und zu im Asialaden weitere Sorten ausfindig zu machen, sollte zugreifen, um ihre einzigartigen Aromen kennenzulernen.

1. Pfefferblätter: Die Blätter sind als *la lot* bekannt, haben eine dunkelgrüne und glänzende Oberfläche, schmecken pfeffrig und leicht bitter. Die kleineren Blätter können im fein gehackten Zustand Gerichte aromatisieren, die größeren Exemplare sind beliebt als gefüllte Röllchen, die gegrillt oder gedünstet werden (siehe Seite 69).
2. Koriandergrün: Koriander erhält man im Asialaden oft samt der Wurzeln in großen Packungen. Der Geschmack ist intensiv würzig und kommt in Vietnam vor allem in Suppen zum Einsatz.
3. Minze: Minze verfeinert in Vietnam sowohl pikante Pfannkuchen und Sommerrollen als auch Limonaden, Shakes und Eistees, wie man sie an vielen Marktständen bekommt.
4. Thaibasilikum: Das bekannteste asiatische Kraut heißt in Vietnam *rau que* und hat einen intensiven süßlich-scharfen Geschmack, der ein wenig an Anis erinnert.
5. Reisfeldkraut: Unter dem vietnamesischen Namen *ngo om* findet man dieses besondere Kraut im Asialaden. In Asien wächst es, wie der Name schon sagt, auf Reisfeldern. Die hohlen Stängel mit ihren feinen Blättchen haben ein mildes Zitrusaroma mit einer Spur von Kreuzkümmel.
6. Zitronengras: Die duftenden Stangen erhält man frisch in vielen Supermärkten, aber auch fein gehackt in der Tiefkühltruhe im Asialaden. In Vietnam ist in Zitronengras gebratener Tofu eine Spezialität (siehe Seite 125), die aromatischen Stangen werden aber auch gerne für Tees und Desserts verwendet.
7. Langer Koriander: Wer Koriandergrün mag, wird langen Koriander mit seinen leicht gezackten Blättern lieben, denn sein Aroma ist noch intensiver. Im Asialaden findet man ihn auch unter den Namen *ngo gai* und Europagras.
8. Vietnamesischer Koriander: Auch als *rau ram* bekannt, ist vietnamesischer Koriander eines der am weitesten verbreiteten Kräuter in Vietnam. Die Blätter schmecken intensiv pfeffrig-zitronig und harmonieren besonders gut zu Reisnudelsalaten.
9. Perilla: Die schönen Blätter sind entweder komplett violett oder haben eine violette Unterseite und heißen auch *tia to,* Shiso oder Schwarznessel. Sie schmecken minzig mit einem Hauch von Anis und Zimt.
10. Vietnamesische Melisse: Diese aromatische Melissensorte wird in Vietnam *kinh gioi* genannt und gerne zu Sommer- wie Frühlingsrollen gereicht. Sie schmeckt relativ mild und zitronig-würzig.
11. Knoblauch-Schnittlauch: Er stammt aus der chinesischen Küche und ist dort wie in Vietnam als Füllung für viele Teigtaschen beliebt. Ein weiterer Name ist chinesischer Schnittlauch. Er hat ein dezentes Knoblaucharoma.
12. Pandanblätter: Die langen schwertförmigen Blätter schmecken süßlich-nussig und verströmen einen aromatischen Duft. Sie werden hauptsächlich zum Würzen von Süßspeisen verwendet und nicht mitgegessen. Als Extrakt färben sie Desserts und Kuchen zudem grün.
13. Kaffirlimettenblätter: Die kleinen glänzenden Blätter findet man unter dem Namen *lime leaf* in der Tiefkühltruhe im Asialaden, man kann die Pflanzen jedoch auch auf der heimischen Fensterbank gedeihen lassen. Kaffirlimettenblätter haben ein sehr intensives Zitrusaroma und sollten daher sparsam eingesetzt werden. Man verwendet das Kraut entweder fein gehackt oder als ganze Blätter, die vor dem Servieren wieder entfernt werden. Ihr Geschmack passt gut zu Currys auf Kokosmilchbasis und auch zu Desserts und Getränken.
14. Bananenblätter: Die großen Blätter der Bananenstauden gibt es im Asialaden tiefgefroren oder manchmal auch als frische Zuschnitte zu kaufen, die jedoch recht teuer sind. Sie eignen sich als aromatische Verpackung für gedämpfte, gebratene und gegrillte herzhafte sowie süße Speisen und werden nicht mitgegessen.

2

3

5

6

8

9

11

12

13

14

1

2

3

4

5

6

7

8

9

Gemüse

In den meisten Fällen muss man nicht zum Asialaden spurten, um Gemüse für vietnamesische Gerichte zu kaufen, denn auch am anderen Ende der Welt greift man oft zu Sorten, die uns gut bekannt sind wie Karotten, Rettich, Kohl, Paprika oder Lauchzwiebeln. Wer jedoch etwas Neues ausprobieren möchte, kann zu diesen Gemüse- und Obstsorten greifen.

1. Pak Choi: Der asiatische Kohl wird auch Senfkohl genannt und hat es in den letzten Jahren vermehrt in unsere Supermärkte geschafft, da er hierzulande gut angebaut werden kann. Pak Choi erinnert geschmacklich ein wenig an Mangold, hat eine leichte herbe Schärfe und ist vor allem als knackiges Wokgemüse beliebt.
2. Lotuswurzeln: Die dicken Knollen mit der bräunlichen Schale verbergen ein weißfleischiges Inneres, das mit den markanten Luftröhren durchzogen ist. Einmal angeschnitten, verfärbt sich das Innere schnell, deshalb sollte man die Scheiben direkt in einer Schale mit Wasser und einigen Spritzern Essig oder Limettensaft legen. Die Scheiben sind sehr knackig und lassen sich gut frittieren, backen oder braten. Je länger das Gemüse gart, desto mehr erinnert es in Konsistenz und Geschmack an gekochte Kartoffeln.
3. Kai-lan: Auch als chinesischer Brokkoli bekannt, ist das Blattgemüse in Asien weit verbreitet. Es schmeckt herb und leicht bitter – ein wenig wie eine Mischung aus Brokkoli und Grünkohl. Sowohl die Blätter als auch die Stiele werden gerne im Wok mit Knoblauch und Ingwer angebraten und mit einer würzigen Sauce abgelöscht.
4. Grüne Papaya: Papaya isst man in vielen Teilen Asiens nicht nur als vollreife Frucht, sondern auch in der unreifen Variante, die man *green papaya* nennt. Sie hat ein festes, weißlich bis hellgrünes Inneres, das knackig-saftig schmeckt und mehr an Kohlrabi als an Obst erinnert. In feine Streifen geschnitten, bereitet man damit hauptsächlich würzige Salate zu (siehe Seite 82).
5. Grüne Mango: Auch Salate mit Streifen aus der unreifen Mango sind in Vietnam sehr beliebt und werden ganz ähnlich wie die grüne Papaya verwendet. Das Fruchtfleisch schmeckt jedoch etwas intensiver, zugleich herb und fruchtig.
6. Wasserspinat: In ganz Südostasien beliebt ist dieser besondere Spinat, den man auch *morning glory* nennt und der in sumpfigen Gebieten wächst. Sowohl die schmalen Blätter als auch die hohlen, knackigen Stiele kann man ganz einfach wie Spinat zubereiten. Sein Geschmack ist sehr mild und er wird meist mit Chili, Knoblauch, Ingwer und Sojasauce gebraten.
7. Süßkartoffeln: Neben den uns bekannten orangefleischigen Süßkartoffeln, verwendet man in Vietnam genauso oft die Varianten mit weißem oder violettem Fruchtfleisch, da sie auch beim Kochen eine etwas festere Konsistenz behalten.
8. Taro: Die stärkehaltigen Knollen können genauso zubereitet werden wie Kartoffeln. Ihr Geschmack ist mildnussig und leicht süßlich, daher kommt Taro sowohl für herzhafte als auch für süße Gerichte zum Einsatz. Das Gemüse wächst besonders gut in sumpfigen Gebieten, entlang von Flüssen oder an Teichen. Die Knollen können in Form und Größe sehr unterschiedlich aussehen: Mal sind sie klein und rund, mal länglich, und manche Exemplare werden so groß wie eine Steckrübe.
9. Lange Aubergine: Diese hübsche Sorte ist im Handel auch als japanische Auberginen erhältlich. Die langen, dünnen Auberginen haben ein etwas festeres Fruchtfleisch als ihre hiesigen Verwandten. Auch nach dem Kochen bleiben die Stücke besser in Form und schmecken ein wenig nussiger.

Reisprodukte

Reis wird in Vietnam überall angebaut und je nach Region bis zu dreimal im Jahr geerntet. Das Getreide ist im ganzen Land Bestandteil fast jeder Mahlzeit. Neben den Körnchen, die eine beliebte Beilage sind, werden Pfannkuchen und Teigtaschen aus Reismehl zubereitet, Reispapier als Hülle der berühmten Sommerrollen verwendet oder würziger Suppen mit Reisnudeln serviert.

1. Reispapier: In Vietnam genießt man sowohl die frisch gemachten weichen Reispapierblätter als auch die getrockneten, die es in vielen Varianten zu kaufen gibt. Bei uns findet man die Blätter in verschiedenen Größen, die sich gut für kleine und große Sommerrollen eignen. Vor dem Füllen müssen sie lediglich kurz in lauwarmes Wasser getaucht werden.
2. Reismehl: Unverzichtbar zum Herstellen von vietnamesischen Pfannkuchen und vielen Teigtaschen ist das glutenfreie Reismehl sowie das Klebreismehl. Letzteres verleiht süßen sowie herzhaften Teigbällchen ihre besondere weiche und gallertartige Konsistenz.
3. Reis: Als Beilage zu Gemüse, Tofu und Co. kommt in Vietnam meistens der duftende Jasminreis zum Einsatz, er eignet sich jedoch auch gut für Bratreis. Gedämpfter Klebreis wird gerne als Beilage gereicht oder für Reissuppen und Desserts verwendet.
4. Grüner Reis: Im Asialaden als grüner Reis oder als grüne Reisflocken gekennzeichnet, findet man diese Reisspezialität aus unreif geerntetem Reis. Die Flocken sind mal beige oder hellgrünlich bis hin zu intensiv grün gefärbt, was durch die Zugabe von Pandanextrakt erreicht wird. Der Reis eignet sich besonders gut als knusprige Panade für Tofu und Gemüse.
5. Reisnudeln: Die zwei gängigsten Sorten sind die dünnen Reisnudel-Vermicelli und die dickeren Reisbandnudeln. Je nach Ausführung genügt es, sie für kurze Zeit in eine Schüssel mit heißem Wasser zu legen oder sie kurz zu kochen. Sie sind die beliebteste Einlage für Suppen in Vietnam und auch in kalten Nudelsalaten und Bowls sehr beliebt.

1
2
3
4
5

LAOGANMA
辣脆油辣椒
Crispy Chilli in Oil
ARCHE
NATURKÜCHE
Sriracha Acı Biber
200 ml
Bamboo Garden
JAPAN
La-Yu
CHILI OIL
辣油
GLUTEN FREE
STRONG
TERRA SANA
ARCHE
NATURKÜCHE
Shoyu
Original japanische Sojasauce
LEE KUM KEE
HOISIN SAU
海鮮醬
397 g
ARCHE
NATURKÜCHE
No Fish-Sauce
Vegane maritime Würzsauce
Salsa per marinare e condire
Sauce pour assaisonnement et marinade
LEE KUM KEE
LEE KUM KEE
Tamarinden Paste
bio
COSMOVEDA
368 g

Saucen & Pasten

Würzige Saucen, Pasten und Öle aus der Asia-Abteilung schmecken häufig sehr intensiv und sollten daher in der Regel sparsam dosiert werden. Dafür verleihen schon kleine Mengen Gerichten die entscheidende Aromakrönung.

Chili-Öl, Chilisauce und Knusperchili in Öl: Das intensive Chili-Öl ist meist in kleinen Fläschchen erhältlich und wird als Topping tröpfchenweise über Gerichte gegeben. Das Angebot an Chilisauce im Asialaden ist riesig, es reicht von süßlich-milden bis hin zu feurig-scharfen Sorten. Chilisauce kann jedoch auch selbst zubereitet werden (siehe Seite 52). Als knusprig-würziges Topping dient Knusperchili in Öl, den man als *crispy chili in oil* oder *spicy chili crisp* im Asialaden findet oder auch selbst herstellen kann (siehe Seite 52).

Geröstetes Sesamöl: Das Öl aus geröstetem Sesam ist gold- bis dunkelbraun, schmeckt sehr intensiv und eignet sich wie das Chili-Öl als würzige Krönung für Gerichte. Am besten tröpfchen- oder teelöffelweise portionieren.

Soja- und Tamarisauce: Beide Produkte werden aus fermentierten Sojabohnen hergestellt und können je nach Sorte und Hersteller geschmacklich stark variieren. Die Sojasauce Shoyu schmeckt zum Beispiel etwas milder als die kräftigere und dickflüssigere Tamarisauce.

Reisessig: Je nach Sorte hat Reisessig einen unterschiedlichen Säuregehalt, ist manchmal durchsichtig oder braun. In Vietnam kommt der relativ milde helle Reisessig am häufigsten zum Einsatz, sei es für Dips, Dressings oder zum Einlegen der beliebten Karotten- und Rettichstreifen (siehe Seite 44).

»No-Fish-Sauce«: Fischsauce ist aus der vietnamesischen Küche nicht wegzudenken. Die im Bioladen erhältliche »No-Fish-Sauce« dagegen kommt ohne Fisch aus und schmeckt durch Beigabe von Algen dennoch schön würzig. Man kann die vegetarische Sauce auch selbst herstellen (siehe Seite 47). Sie ist ein Muss für die klassische vietnamesische Dip-Sauce (siehe Seite 48) und kann durch Sojasauce ersetzt werden.

Hoisin-Sauce: Die beliebte, aus China stammende Hoisin-Sauce auf Basis von fermentierten schwarzen Bohnen gibt es im Asialaden von verschiedenen Herstellern. Ihr Geschmack kann mal süßlicher und mal salziger sein. Die Bohnen verleihen der dickflüssigen Sauce jedoch immer ein besonders intensives Aroma. Wer die Sauce zum Dippen oder zum Marinieren verwendet, sollte sie daher mit anderen Zutaten oder einfach etwas Wasser verdünnen. Und wer mag, kann sich an der selbst gemachten Variante versuchen (siehe Seite 55).

Pilz-Würzsauce: Die Sauce auf Basis von Sojasauce und Pilzextrakten ist unter den Namen *mushroom stir fry sauce, mushroom soy sauce* oder *vegetarian mushroom sauce* erhältlich. Sie bietet eine vegetarische Alternative zu der in Vietnam verwendeten Austernsauce und wird vor allem zum Abschmecken von Wokgerichten verwendet.

Schwarze-Bohnen-Sauce: Im Asialaden ist diese Sauce unter den Namen *black bean sauce* oder auch *black bean paste* erhältlich und wird manchmal zusätzlich mit Knoblauch verfeinert. Die Basis bilden fermentierte schwarze Bohnen, die der Sauce ein besonders intensives Aroma verleihen. Die stark konzentrierte, würzige Paste kommt zum Marinieren oder zum Ablöschen von Tofu zum Einsatz.

Tamarindenpaste: Die dunkelbraune flüssige Paste aus Tamarinden schmeckt säuerlich mit einer fruchtigen Süße und kann statt Limettensaft in Dips, Dressings oder süßen Getränken eingesetzt werden, sollte jedoch etwas sparsamer dosiert werden.

Gewürze

Ohne eine Prise Gewürz kommt kein Gericht in Vietnam aus. Das Gute: Die meisten der aromatischen Gewürze erhält man auch bei uns im gut sortierten Supermarkt oder direkt im Asialaden.

1. Pho-Gewürze: Die Kombi aus Zimt, Gewürznelken, Sternanis, Korianderkörnern und schwarzem Kardamom wird typischerweise zum Aromatisieren der beliebten Pho-Brühe verwendet (siehe Seite 102) und je nach Region durch schwarzen Pfeffer und Fenchelsamen ergänzt. Das Aroma des schwarzen Kardamoms ist übrigens ein anderes als das des gängigeren grünen Kardamoms – die großen Kapseln duften intensiv rauchig und würzig.
2. Chilis: Ob groß oder klein, rot, gelb oder grün: Chilis kommen in Vietnam gerne als pikante Würze zum Einsatz, jedoch meist erst zum Abschmecken oder als Topping.
3. Fünf-Gewürze-Pulver: Das aus China stammende Würzpulver auf Basis von Sternanis, Gewürznelken, Szechuanpfeffer, Zimt und Fenchelsamen kommt auch in Vietnam gerne zum Einsatz, zum Beispiel zum Abschmecken von Eintöpfen oder Suppen sowie als Zugabe für würzige Marinaden.
4. Kurkuma: Das aromatische und leuchtend gelbe Kurkumapulver wird vor allem zum Färben von Reis, Marinaden oder den beliebten vietnamesischen Pfannkuchen banh xeo (siehe Seite 73) verwendet.
5. Pfeffer: Zumeist findet weißer und schwarzer Pfeffer in der vietnamesischen Küche Verwendung. Frisch gemahlen schmecken die Pfefferkörner am aromatischsten. Doch auch der aus China stammende Szechuanpfeffer sorgt in einigen Gerichten für prickelnde Schärfe.
6. Ingwer: Die würzig-scharfen Knollen finden nicht nur in herzhaften Gerichten Verwendung, sondern aromatisieren auch viele vietnamesische Süßspeisen und Getränke.
7. Palmzucker: Fast alle Gerichte, egal ob süß oder herzhaft, werden in Vietnam mit wenigstens einer Prise Zucker abgeschmeckt. Dabei kommt oft der herkömmliche weiße Kristallzucker zum Einsatz – bei Desserts jedoch gerne auch mal Palmzucker, den es gemahlen, als Paste oder in festen größeren Formen zu kaufen gibt. Er verleiht Gerichten eine etwas herbere Karamellnote.
8. Knoblauch: Knoblauch kommt in der vietnamesischen Küche oft, jedoch nie in großen Mengen zum Einsatz. Die gehackten Zehen werden mit Wokgemüse angebraten, aromatisieren Bratreis oder werden auch mal frittiert als knuspriges Topping verwendet und sind unentbehrlich für den typischen Geschmack der klassischen Dip-Sauce (siehe Seite 48).
9. Currypulver (nicht im Bild): Currypasten finden in Vietnam anders als in benachbarten Ländern keine Verwendung, dafür jedoch das spezielle vietnamesische Currypulver *bot cari*, das ein wenig der indischen Madras-Currymischung ähnelt.
10. Annatto: Die roten Samen des Orleanstrauchs schmecken neutral bis erdig. Aus ihnen wird ein tiefrotes Gewürzöl (siehe Seite 51) hergestellt, das in Vietnam zum Färben von Füllungen, Eintöpfen und Nudelsuppen eingesetzt wird.

1
2
4
5
7
6
10
8
3

1
2
3
4
5
6
Royal Orient
BAMBOO SHOOT (SLICES)
SPRING HAPPINESS
HSINGFU
Water Chestnuts
AROY-D
YOUNG GREEN JACKFRUIT IN BRINE
JEUNE JAQUE VERT EN SAUMURE
ÔNG THỌ
SWEETENED
CONDENSED
MILK
COCONUT MILK / KOKOSMILCH
KOKOSMELK / LAIT DE COCO

Konserven

Neben eingelegten Früchten wie Litschis, Rambutan und Co., die man für Obstsalate und Desserts verwendet, finden sich in der Konservenabteilung des Asialadens weitere Spezialitäten, die die vietnamesische Küche bereichern.

1. Wasserkastanien: Die Samen der schwimmenden Pflanze schmecken leicht süßlich und haben eine knackige Konsistenz, welche an feste Birnen erinnert. Das Besondere an Wasserkastanien ist, dass sie auch beim Kochen oder Braten diese Konsistenz nicht verlieren und somit für eine schöne Textur in vielen Gerichten sorgen.
2. Jackfrucht: Die riesigen Jackfrüchte wachsen in ganz Südostasien an Bäumen und werden sowohl reif als auch unreif gegessen. In Konserven kann man häufig die Stücke der unreif geernteten *young jackfruit* oder *green jackfruit* in Salzlake kaufen. Durch ihre leicht faserig-fleischige Konsistenz eignen sich die Stücke gut zum Marinieren und Braten und schmecken lecker in Salaten oder Currys.
3. Bambussprossen: Als Bambussprossen bezeichnet man die jungen Triebe der Bambuspflanze. In Asien und manchmal auch bei uns in Asialäden findet man die frischen Sprossen, die man vor der Verwendung kochen sollte. Öfter jedoch sind hierzulande die in Scheiben oder Stifte geschnittenen, eingelegten Bambussprossen erhältlich, die nur noch im Sieb abgespült werden müssen. Mit ihrem mild-nussigen Geschmack schmecken sie in Salaten, Suppen und Wokgemüse.
4. Lotussamen: Anders als die getrockneten Lotussamen sind eingelegte Lotussamen bereits vorgekocht und eignen sich für die schnelle Küche, zum Beispiel als Einlage für Reis, Suppen oder Salate.
5. Gesüßte Kondensmilch: Unentbehrlich für Eiskaffee, Shakes sowie viele Desserts und Kuchen ist die süße Kondensmilch. Sie wurde in Vietnam während der Kolonialzeit wegen der besseren Lagermöglichkeit im tropischen Klima als Alternative zu frischer Milch von den Franzosen eingeführt.
6. Kokosmilch: Kokosmilch verwendet man in Vietnam frisch gepresst, da dies kostengünstiger ist, als die Milch in Dosen zu kaufen. Bei uns dagegen findet man eine Vielzahl an unterschiedlichen konservierten Kokosmilchprodukten, die vor allem in ihrem Fettgehalt variieren. Die Milch verfeinert sowohl würzige Salatdressings oder herzhafte Reisgerichte als auch süße Getränke, Desserts und Kuchen.

Getrocknete Lebensmittel

In Asialäden findet man eine große Auswahl an getrockneten Produkten, die kostengünstig sind und sich gut aufbewahren lassen. Meistens reichen schon wenige Zutaten aus, um daraus vietnamesische Köstlichkeiten zu zaubern.

1. Kokosraspel und -chips: Getrocknete Raspel und Chips aus Kokosfruchtfleisch finden in Vietnam selbst nicht oft Verwendung, da greift man lieber direkt zu den frischen Varianten. Aber auch getrocknete Raspel eignen sich gut für süße Füllungen oder als knuspriges Topping.
2. Bohnen: Besonders häufig findet man geschälte halbierte Mungobohnen in der vietnamesischen Küche und rote Bohnen wie die Azukibohne. Aus beiden stellt man Pürees und Pasten her, die als Füllung für herzhafte und süße Gerichte dienen. Aus fermentierten schwarzen Bohnen lässt sich die beliebte Hoisin-Sauce zubereiten (siehe Seite 55).
3. Glasnudeln: Die feinen Nudeln bestehen nur aus einer Stärkesorte, wie zum Beispiel Mungobohnenstärke, oder einer Mischung aus Mais-, Erbsen- und Mungobohnenstärke. Beim Kochen werden sie durchsichtig und eignen sich frittiert als hübsches Topping.
4. Tapioka: Als Tapioka oder Tapiokastärke wird das verarbeitete Mehl der Maniokwurzel bezeichnet. Neben der Stärke, die zum Abbinden von Saucen und zum Andicken von Teig verwendet wird, gibt es auch Tapiokakugeln, die für Desserts zum Einsatz kommen. Daneben sind auch Tapiokanudeln erhältlich, die aus Tapiokastärke sowie Reismehl bestehen und beim Kochen besonders weich werden und stark aufquellen.
5. Pilze: Besonders getrocknete Wolkenohrpilze (Mu-Err) und getrocknete Shiitake-Pilze finden Verwendung in der vietnamesischen Küche. Shiitake schmecken recht intensiv, Wolkenohrpilze hingegen neutral. Letztere sind jedoch wegen ihrer besonderen bissfesten Struktur in Füllungen beliebt.
6. Jasminblüten: Vor allem in der chinesischen Küche beliebt, finden auch in Vietnam getrocknete Jasminblüten gelegentlich Verwendung zum Aromatisieren von Getränken und Desserts.
7. Lotusblätter und -samen: In Vietnam setzt man oft auf frische Lotusblätter und -samen. Bei uns kann man die großen getrockneten Lotusblätter finden, die zum Dämpfen von Reis verwendet werden und ihm einen erdigen Geschmack verleihen. Getrocknete Lotussamen müssen vor der Verwendung eingeweicht und gekocht werden (siehe Seite 126), schmecken leicht nussig und haben eine ähnliche Konsistenz wie gekochte Kichererbsen.
8. Sesam: Sowohl heller als auch schwarzer Sesam kommen in vietnamesischen Desserts oft zum Einsatz. Angeröstet schmecken die Samen am aromatischsten.
9. Röstschalotten: Unter dem Namen *fried onions* oder *fried shallots* findet man Röstschalotten in den meisten Asialäden. Sie werden in Vietnam als knusprig-aromatisches Topping für Teigrollen, Teigtaschen oder Nudelsalate eingesetzt.

1
2
3
4
5
6
7
8
9

TUẤN HƯƠNG
BÁN SỈ & LẺ CÁC LOẠI MẮT
193A
195 Lê Thánh Tôn, P.bến Thành, Q.1

COFFEE 197
KIM LOAN

Register der Rezepte

Über die Autorin

Anna Plumbaum ist freie Rezeptentwicklerin und Autorin. Sie arbeitete mehrere Jahre als Food-Redakteurin, bevor sie sich 2016 selbstständig machte.

Drei Jahre lang lebte sie in Kambodscha und erkundete von dort aus die spannenden Länder und quirligen Straßenküchen Südostasiens.

Ihr Fokus liegt auf der veganen und vegetarischen Küche, oft mit asiatischem Einschlag. Über Reisen und kulinarische Entdeckungen bloggt sie auf **baernd.de**

Dank

Mein Dank gilt den Menschen, die mir auf meiner Reise durch Vietnam begegnet sind – den Marktfrauen, den fahrenden VerkäuferInnen, den Straßenstand-BetreiberInnen, aber auch den Menschen, die von Hanoi bis Saigon mit viel Leidenschaft vegane und vegetarische Cafés und Restaurants betreiben. Sie alle haben mich zu diesem Buch inspiriert. Ein besonderer Dank gilt dem Team des Restaurants »Red Bean« in Hoi An für die tolle Markttour und den Kochkurs sowie unserem Guide Tinh, der uns das Streetfood Hanois und die Essenskultur Vietnams näher gebracht hat.

Ein großes Danke geht auch an den Christian Verlag und insbesondere an Sonya Mayer, die mich unterstützt hat, die einstige Kochbuchidee in die Tat umzusetzen und mir bei der Verwirklichung freie Hand ließ. Vielen Dank für ihre Geduld, das große Vertrauen und die Möglichkeit für die Veröffentlichung dieses Buches.

Der größte Dank gilt meinem besten Freund, Ehemann & Teilzeit-Kollegen Klaus Bäsel, der mich auf allen Reisen durch Asien begleitete und mich vor allem bei den Fotografien für dieses Buch tatkräftig unterstützte. Ohne deine Hilfe und dein Knowhow wäre es nicht möglich gewesen, das Projekt alleine zu bewerkstelligen. Zuletzt danke ich meinen Eltern und meinen Freundinnen Iris Exner, Christina Mayrhofer und Elsa Franz für die mentale Unterstützung und Zerstreuung in dieser verrückten Zeit.

Impressum

Verantwortlich: Sonya Mayer
Texte, Rezepte, Food- und Reisefotografie: Anna Plumbaum
Redaktion: Franziska Sorgenfrei
Umschlaggestaltung: Sophie Schillo, unter Verwendung von
Bildern von Anna Plumbaum
Layout: Helen Garner
Repro: LUDWIG:media
Korrektorat: Asta Machat
Herstellung: Anna Katavic

Printed in Slovakia by Neografia

★★★★★

Sind Sie mit diesem Titel zufrieden? Dann würden wir uns über Ihre Weiterempfehlung freuen. Erzählen Sie es im Freundeskreis, berichten Sie Ihrem Buchhändler oder bewerten Sie bei Onlinekauf. Und wenn Sie Kritik, Korrekturen, Aktualisierungen haben, freuen wir uns über Ihre Nachricht an: Christian Verlag, Postfach 40 02 09, D-80702 München oder per E-Mail an lektorat@verlagshaus.de

Unser komplettes Programm finden Sie unter: www.christian-verlag.de

Die Deutsche Nationalbibliothek verzeichnet diese Publikation in der Deutschen Nationalbibliografie; detaillierte bibliografische Daten sind im Internet über http://dnb.d-nb.de abrufbar.

2. Auflage 2021

ISBN 978-3-95961-543-3

Ebenfalls erhältlich ...

ISBN 978-3-95961-339-2

ISBN 978-3-95961-414-6

ISBN 978-3-95961-464-1

ISBN 978-3-95961-244-9

CHRISTIAN

www.christian-verlag.de